अभिव्यक्ति

मुक्त छंद का काव्य

विवेक कुमार

Copyright © Vivek Kumar
All Rights Reserved.

This book has been self-published with all reasonable efforts taken to make the material error-free by the author. No part of this book shall be used, reproduced in any manner whatsoever without written permission from the author, except in the case of brief quotations embodied in critical articles and reviews.

The Author of this book is solely responsible and liable for its content including but not limited to the views, representations, descriptions, statements, information, opinions and references ["Content"]. The Content of this book shall not constitute or be construed or deemed to reflect the opinion or expression of the Publisher or Editor. Neither the Publisher nor Editor endorse or approve the Content of this book or guarantee the reliability, accuracy or completeness of the Content published herein and do not make any representations or warranties of any kind, express or implied, including but not limited to the implied warranties of merchantability, fitness for a particular purpose. The Publisher and Editor shall not be liable whatsoever for any errors, omissions, whether such errors or omissions result from negligence, accident, or any other cause or claims for loss or damages of any kind, including without limitation, indirect or consequential loss or damage arising out of use, inability to use, or about the reliability, accuracy or sufficiency of the information contained in this book.

Made with ♥ on the Notion Press Platform
www.notionpress.com

कलम सृजन करती रहे

शब्द सजाएं गान

ऐसा वर देना प्रभु

कभी उपजे न अभिमान

क्रम-सूची

मेरी बात	vii
1. जीवन दर्शन	1
2. मृत्यु-नश्वरता	22
3. प्रकृति-पर्यावरण	40
4. भक्ति-साधना	55
5. मित्रता-सम्बन्ध	74
6. प्रेम-विरह	80
7. साहित्य -सृजन	97
8. लोक-व्यवहार	102
9. विविध	116

• v •

मेरी बात

मुझे याद है, विद्‌यालय में हिंदी कक्षा के दौरान यह पंक्ति कई बार सुनने को मिलती थी-"जहाँ न पहुंचे रवि, वहाँ पहुंचे कवि "| सच ही तो है, कवि की कल्पना उन गहरे व अगम विषयों को भी छू लेती है जो हमारे बीच होते हुए भी हमें आसानी से नहीं दिखते | शब्दों व भावों की यह उड़ान ऊंची व उन्मुक्त तभी हो पाएगी जब इसे बंधनों से मुक्त रखा जाए |

नियम कायदों में बंधे सृजन से नयेपन की अपेक्षा रखना बेमानी है क्योंकि वो तो उसी लकीर पर चलेगा जो उसके लिए खींच दी गई है | स्थापित परम्पराओं को तोड़ने पर, अस्वीकार किए जाने का भय, हमें उनसे चिपके रहने को विवश कर देता है | मुक्तक भी काव्य की एक विधा है और नामकरण से ऐसा प्रतीत होता है कि यह विधा नियमों से मुक्त होगी परंतु काव्य के विधाताओ ने इसे भी कायदों में बांध कर इसके नाम को सार्थक नहीं होने दिया है |

प्रस्तुत संग्रह में संकलित रचनाएँ मुक्तकों के जैसी ही है परंतु मैं इन्हें मुक्तक नहीं कहूंगा क्यों कि यह छंद चारपदीय होते हुए भी नियमों से स्वतंत्र है, लय व भावाव्यक्ति में मुक्तक जैसे होते हुए भी अधिक उन्मुक्त है |

आचार्य रामकरण शुक्ल ने मुक्तक काव्य विधा को एक चुना हुआ गुलदस्ता कहा है, इसी से प्रेरित होकर मैनें मुक्त छंदों के इस संग्रह में 9 तरह के पुष्प एकत्रित किए हैं | पाठकों की सुविधा

के लिए रचनाओं को 9 मुख्य शीर्षकों में वर्गीकृत किया गया है | जीवन-दर्शन, प्रेम-विरह, मित्रता-संबंध, प्रकृति-पर्यावरण, भक्ति-साधना, मृत्यु-नश्वरता, साहित्य-सृजन, लोकनीति-लोकव्यवहार आदि भावों, प्रसंगों, विषयों पर केंद्रीत छंदों को संबधित शीर्षक के अधीन रखा गया है |

जिन पाठकों को लम्बी कविताएँ पढना अरूचि कर व बोझिल लगता है उनके लिए यह संक्षिप्त व सशक्त भावाव्यक्ति आनंदमय व रसपूर्ण सिद्ध होगी | चार पंक्तियों का प्रत्येक छंद अपने आप में निरपेक्ष, स्वतंत्र व अर्थपूर्ण है और जीवन की किसी मनोदशा या भाव से जुड़ा हुआ है |

कवि गोपाल दास नीरज ने अपनी कविता " कालिदास के नाम- प्रयोगशील गोष्ठी का आमंत्रण " में आगाह किया है कि नई परंपरा की आड़ लेकर छंद मुक्त व गद्यात्मक पदों के रूप में रची जा रही अतुकांत, बेछंद व लयहीन रचनाओं को आधुनिक कविता का नाम दिया जा रहा है | कवि नीरज की इस भावना को सम्मान देते हुए, अभिव्यक्ति के इस प्रयोग में मेरा यह प्रयास रहा है कि हर छंद में अर्थ व भावाव्यक्ति के साथ शब्दों का प्रवाह व लयबद्धता भी कायम रहे ताकि कविता या गीत के रूप में इन्हें श्रोताओं के समक्ष प्रस्तुत किया जा सके |

आशा करता हूँ मुक्त छंदों की यह "अभिव्यक्ति" सभी पाठकों की अपेक्षाओं पर खरा उतरेगी |

विवेक कुमार
जयपुर
10 फरवरी 2023

1. जीवन दर्शन

(1)
उतरी है नाव जो सागर में
लहरों से भी टकराएगी
सुख की अभिलाषा है तुमको
पीड़ा भी हिस्से आएगी

(2)
सुख के पीछे दौड़ता
पहुँच गया जब पास
सुख ने ठौर बदल लिया
टूटी सारी आस

(3)
दुख भी साथी है अपना
फिर इससे क्यों घबरायें
चाह पुष्प की है अगर
कुछ शूल भी हिस्से आयें

(4)
जीवन के इस मझधारे में
होगा पाटों बीच गमन
जितना दूर चले यौवन से
उतना प्रौढ़ हुआ ये मन

(5)
क्या है तेरा, क्या है मेरा
सब छूट यहीं पर जाना है
क्यों कोस रहा है किस्मत को
जो बांटा वापिस आना है

(6)
कहीं शोर कहीं सन्नाटा है
जीवन सब रंग दिखाता है
उगता है सूरज भोर हुए
और सांझ ढले छिप जाता है

(7)
मानव की यही कहानी है
नयनों से बहता पानी है
सुख-दुख सारे सहते-सहते
जीवन की रीत निभानी है

(8)
दो पाटन के बीच में
बहती जीवन धार
दो नयनों में है बसा
स्वप्नों का संसार

(9)
है काल प्रबल, न करे क्षमा
फल कर्मों का तो पाना है
जब पीड़ा बांटी जीवन भर
फिर हिस्से, दुख ही आना है

(10)
इस राह मिली मुझको खुशियाँ
उस राह पे, पीड़ा झेली है
इस चौराहे है छांव घनी
उस मोड़ पे, विकट पहेली है

(11)
जीवन का रण है अति भीषण
यहाँ प्रेम है तो, प्रहार भी है
जो संग तेरे हैं मित्र बने
हाथों में लिए कटार भी हैं

(12)
ढंके बजते थे जिनके कल
गुमनाम आज हो जाता है
जो रंग भरे इठलाता था
अब मुख को वही छिपाता है

(13)
कितने दिन ये रह पायेंगी
घड़ियां दुख की टल जायेंगी
जो धीर धरा मन में तूने
इक नई सुबह मुस्काएगी

(14)
तीन कामना से कोई
नर पाए न पार
धन-सत्ता-नारी खातिर
सब युध्द करे संसार

(15)
क्यों दुख अतीत दे जाता है
कल सुख की आस बंधाता है
जो वर्तमान है पास तेरे
वो पल पल बीता जाता है

(16)
भाग्य लिखा हिस्से आना है
खोकर भी सब पा जाना है
खुशियाँ जिसने बहुत बटोरीं
कुछ दुख भी तो अपनाना है

(17)
बिखर रही है आज जिंदगी
निखर के कल मुस्काएगी
आंसू की जो बर्फ जमी है
नयनों से बह जाएगी

(18)
धन न बोले नाम न बोले
कर्म तेरे सब बोले हैं
मुख चाहे कुछ शब्द न बोले
मौन राज़ सब खोले है

(19)
रचा प्रपंच कैकेयी ने
वनवासित हुए थे राम
आज बांटने संपदा
घर घर मचता कोहराम

(20)
ज्ञान में गहरे डूब कर
पाया है यही सार
लोभ मोह व वासना
खोले विनाश के द्वार

(21)
धन आया जब भीतर घर के
धैर्य-शांति निकल गए
प्रेम-प्रीति ने भी घर छोड़ा
रोग-अनिंद्रा प्रकट हुए

(22)
सुख ने छोड़ा दुख ने घेरा
आज इधर, कल उधर बसेरा
धूप-छांव का खेल है जीवन
आज है तम, कल नया सवेरा

(23)
जीवन की है रीत यही
जो रोपा वो उग आयेगा
कष्ट दिये है जब दूजो को
सुख कैसे तू पायेगा

(24)
सबको है ये ज्ञान भले से
पुष्प के पीछे शूल छिपा है
दोष दूसरो पर क्यों मंढना
स्वयं मे दुख का मूल छिपा है

(25)
मस्तक सच का झुक जाता है
झूट सीढ़ीयां चढ़ जाता है
खाली जग को तर जाता है
भरा हांफ के थक जाता है

(26)
कभी खुशी से मन हो जगमग
सुख अपना सबको दिखलाए
कभी चांद अमावस बनकर
अंधियारों में क्यों छिप जाए

(27)
सुख में झूमे नाचे गाये
हर दिन हम ने जश्न मनाए
जब घेरा दुख के बादल ने
भाग्य को कोसा और घबराए

(28)
इक मंजिल थी हम को पानी
जिद इसकी थी मन में ठानी
भटक के रास्ता जहाँ है पहुचें
बनी वही इक नई कहानी

(29)
चाह है जिसकी वो मिल जाए
नियति का यह नहीं विधान
कष्टों में जो रंग बिखेरे
मनुज वही बन पाए महान

(30)
सुख वैभव सिद्धार्थ न तजता
मिलता नहीं बुद्ध का नाम
सन्यासी बन भ्रमण न करता
कष्टों से रहता अनजान

(31)
खोना पाना खेल विधि का
त्याग के ही कुछ पायेगा
कुसुम वही वन में महकेगा
शूल को जो सह पायेगा

(32)
जीवन की आपा-धापी में
गीत ये क्यों लयहीन हुआ
जकड़ा स्वार्थ की जंजीरो में
मनुज संवेदन हीन हुआ

(33)
तप कर, सूरज नीचे हमने
रात चांदनी पाई है
अंगारों में दहके सोना
माला तब बन पाई है

(34)
कौन सुने तेरी व्यथा
किसको है अवकाश
अपनी पीड़ा सब दुखी
सुख को रहे तलाश

(35)
आह हृदय की बहुत प्रबल है
कोई न इससे बच पाए
सुख आनंद में डूबा जीवन
पल में निर्जन बन जाये

(36)
समय की सारी बात है
समय समाया सार
आज रुचि जो पढ़ रहे
कल रद्दी अखबार

(37)
तुम पुष्प कमल का ही बनना
जिसे मलिन न कीचड़ कर पाए
जल गंदे से वो घिरा रहे
पर रूप व गुण मन को भाए

(38)
यह देह सुखों में लिप्त रही
और हृदय प्रपंचों में उलझा
अवकाश कहाँ ये सोचे हम
क्यों धरा पे जीवन ले उतरा

(39)
हुए हैं रोशन गली मौहल्ले
हृदय घिरा अब भी तम से
दीप जगे भीतर खुशियों का
आए दिवाली जीवन में

(40)
झूठ ढोंग से जिंदगी
बने एक दिन भार
सत्य सरलता और शील
जीवन के श्रृंगार

(41)
न आग जली न धुंआ दिखा
ये जलन, दिलों में कैसी है
सपने बिखरे हैं राहों पर
हर सांस घुली बेचैनी है

(42)
कौन है अपना, कौन पराया
जीवन भर ये समझ न आया
सुख में खोया, दुख में रोया
गांठे मन की खोल न पाया

(43)
दर्पण भी अब सत्य छिपाए
मैल हृदय का दिख न पाए
झूठ कुटिलता किया जो अर्जित
नहीं वो जीवन में फल पाए

(44)
पुण्य छोड़कर पाप बटोरे
सुख थे कम और दुख बहुतेरे
स्वप्नमगन हो काटा जीवन
अब लगता कुछ काम अधूरे

(45)
जीवन भर धन पीछे भागा
सुख का सब सामान भी लादा
तृष्णाए सब तृप्त हुई न
निभा न कोई कल का वादा

(46)
लोभ व्यसन का बोझ उठाए
दूर तू कितना जायेगा
स्थिर जब तक न प्रज्ञा होगी
मन कैसे हर्षायेगा

(47)
प्रण है मेरा, सत्य के पथ पर
अविचल चलते जाना है
आएं प्रलोभन झूठ के लाखों
विजय मोह पे पाना है

(48)
उल्लास उत्सवों का मन में
शक्ति इक नई जगाता है
सूने अंधियारे आंगन में
आशा के दीप सजाता है

(49)
सांसे हैं, सुख-दुःख आएंगे
विष-अमृत इनसे पायेंगे
जीवन की जब सांझ ढलेगी
इक धुंध में सब खो जायेंगे

(50)
केश में फैली श्वेत चांदनी
काया ढलने आई है
उम्र की सांझ ने दस्तक दी है
तृष्णाये शरमाई हैं
(51)
खुशियाँ है पंछी के जैसी
पंख खोल उड़ जाती है
आज लगे मुट्ठी में अपनी
हाथ फिसल कल जाती है
(52)
इंद्रधनुष के रंग, आज जो
जीवन में हैं छाए
इनमें है संघर्ष पिता का
और माँ की कई दुआएं
(53)
ओढ़ मुखौटा सज्जनता का
कब तक सत्य छिपाएगा
भाव कलुषित धरे हृदय में
चैन कहीं न पायेगा
(54)
सदा बहारें नहीं है रहती
ऋतु पतझड़ भी आए
खुशियाँ न मिलती सदा
दुख भी हृदय समाए

(55)
माया से अपहृत ज्ञान हुआ
तुझको न सत्य का भान हुआ
वश में रह कर इच्छाओं के
जग का न कुछ कल्याण हुआ
(56)
जीवन न केवल व्यथा कथा
ये तो स्वप्नों से सजा हुआ
दुख की काली बदली में ही
सूरज उजला है छुपा हुआ
(57)
जीवन-बंधन, मृत्य -मुक्ति
गीता का यही ज्ञान है
कर्महीन, जड़, स्थिर रहता जो
जीवन मृत्यु समान है
(58)
जीव कई, धरा पे पलते
उनमें इक इंसान है
उलझा सदा प्रपंचों में ही
रहता वो हैरान है
(59)
कर्ता खुद को मानकर
मत कर रे अभिमान
कल फिर धरा पे आएगा
ऊंची आज उड़ान

(60)
पर्वत से राह निकाली है
नदियों का रोका पानी है
मन को अपने न जान सका
मानव की यही कहानी है

(61)
बहुत कठिन है राह सत्य की
हर मोड़ खडी इक बाधा है
झूठ दौड़कर पगडंडी से
धन शोहरत सब पाता है

(62)
नई सदी में यूँ मिला
प्रगति का वरदान
सड़कें तो जगमग हुई
भीतर सब वीरान

(63)
सत्य घिरा है दुष्टों से
धर्म हुआ है लज्जित
लोभ द्वेष से मलिन हृदय है
गरिमा हुई पराजित

(64)
जीवन जब गतिहीन हुआ
बनी काया रोग निवास
श्रम से दूर हुए तन में
हो कैसे सुख का वास

(65)
मन तेरा क्यों क्षुब्ध है
क्यों हैं उद्गिन विचार
बिन संयम संतोष के
कैसे हो जीवन पार
(66)
सागर मंथन सा है जीवन
सुधा कभी, विषपान मिले
मेघ कभी काले घिर आएं
कभी खुला वितान मिले
(67)
आओ करें नयें का स्वागत
बीते का सम्मान
नूतन-पूर्व के मधुर मिलन से
जीवन हो आसान
(68)
युवा घिरे है अवसादों में
प्रोढ़ भोग में खोए
वृद्ध दुखी हैं संतानों से
सुखिया रहा न कोए
(69)
मैं-मेरा, बस सोच यही रख
आत्म केंद्रीत मनुज हुआ
दूजो की किसको चिंता है
अपना सुख ही परम हुआ

(70)
कोई, भक्ति में रमा
कोई डूबा भोग विलास
उलझी हुई है जिंदगी
सब अर्थ रहे तलाश

(71)
युद्ध स्वयं से लड़ रहा
आज हरेक इंसान
लोभ ईर्ष्या झूठ का
दमन नहीं आसान

(72)
दूजो की खुशियों से क्यों
यह हृदय क्षुब्ध हो जाए
कर्म है उनके, भाग्य है उनका
विधि रचा सब पाएं

(73)
अंधियारे को चीरकर
किरण कोई तो आए
टूटे इन पंखों को फिर
क्षितिज नया दिखलाये

(74)
कोई नशे में ढूंढता
खुशियों का संसार
कोई संगत नाच कर
खोजे जीवन सार

(75)
हर जीवन की अलग कथा है
और अलग है पात्र
खाली हाथों जन्म लिया है
जाना खाली हाथ

(76)
हवा चली जब ढोंग की
सत्य खड़ा शरमाए
कागज के रंगी पुष्पों से
महक कभी न आए

(77)
दहन हुआ रावण लंका का
मन का रावण जिंदा है
मानव पशुता त्याग न पाया
मानवता शर्मिंदा है

(78)
विष बोया कैकेयी के मन में
मति भ्रष्ट की दासी
ऐसा खेल रचाया देखो
राम हुए वनवासी

(79)
घी है नकली, दवा भी नकली
नकली बिके पनीर
वचन है नकली, भाव भी नकली
नकली नयन के नीर

(80)
तन्मय है तू, अपने सुख में
प्लावित मैं, अपने दुःख में
हंस के सहना, धूप छाँव सब
नियति नहीं अपने बस में

(81)
स्वप्न संजो लो लाख सुखों के
श्रम सब साध न पाए
भाग्य भरोसे बैठे रह तू
जीवन व्यर्थ गंवाए

(82)
ध्येय न जीवन का मिला
मन ये भटका जाए
पथ दुर्गम पर चलकर ही
मंजिल को तू पाए

(83)
जब शूल चुभा तो बहा रक्त
फिर कली उगी और पुष्प खिला
पीड़ा सह कर ही जन्म मिले
ठोकर खाकर ही शिखर मिला

(84)
कवच ओढ़ के सब बैठे हैं
छिपा है भीतर निर्बल मन
दृढ़ता नहीं है संकल्पों में
कैसे हो सुखमय जीवन

(85)
कोई रुप गर्व, कोई ज्ञान गर्व
कोई धन के दंभ से बंधा हुआ
इस दर्प से मुक्त नहीं कोई
ये नशा सभी पे चढ़ा हुआ

(86)
जीवन की यही कहानी है
स्वप्नों से सजी जवानी है
जब उम्र ढले चलते-चलते
जानी इक छोड़ निशानी है

(87)
रखी है जैसी दृष्टि तुमने
जग वैसा दिख जाए
भले को सब दिखते भले
बुरा बुरो को पाए

(88)
छल प्रपंच से किया है संचय
धन-गाड़ी-आवास
सुख इनसे कैसे पायेगा
दुख का इनमें वास

(89)
तूने समझा जिनको कंकड़
वो निकले, असली मोती
साधु में दिख जाता रावण
राम से न सीता खोती

(90)
दुख न आए, जीवन में
ऐसा कोई वरदान नहीं
दुख न होगा, संग तेरे तो
सुख की भी पहचान नहीं

(91)
युग बीते, सदियाँ बीती
ये पल भी कल ढल जायेगा
भूल गयी है दुनिया सबको
क्या नाम तेरा रह पायेगा

(92)
ये स्वप्न तेरे, तेरी उड़ान
चाहे पाना, सब आसमान
जाना है छोड़ यही सब कुछ
तेरा ये धन, तेरा ये मान

(93)
निशा ये काली बीत गई जब
सुबह सुनहरी आई है
जेठ तपी प्यासी धरती पर
सावन बदली छाई है

(94)
न फूलों की सेज है, जीवन
न कांटों भरा बिछौना है
खेल है ऐसा जिसमें सबको
पाकर सब कुछ खोना है

(95)
भ्रम कई है, तथ्य है एक
झूठ कई है, सत्य है एक
मनुज धरे है रूप कई पर
सुखी वही, जो दिल से नेक

(96)
काया जब ये ढल जाएगी
रोग से न लड़ पाएगी
अपने तुझसे मुख मोड़ेंगे
आंखें देख न पाएंगी

(97)
ज्यों राम ने, खोई थी सीता
सुख जीवन के खो जायेंगे
हम मोह फंसे मृग सोने के
विपदा ही गले लगायेंगे

(98)
सबको है यह ज्ञान भले से
अंत कहा पे जाना है
फिर भी बन अनजान सभी
जीवन भर दौड़े जातें हैं

(99)
पंख खोल परिंदा उड़ता
दंभ लिए इंसान
काल थपेड़े सह-सह के
सब खंडित हो अभिमान

(100)
पुष्प पल्लवित ऋतु बसंत में
सुख बहके इंसान
दुख की आंधी जब झकझोरे
पतझड़ सब वीरान

(101)
सागर मथके अमृत निकले
काल पिसे इंसान
आग ताप से कुंदन निखरे
बनता मनुज महान

(102)
क्यों करे नुमाइश खुशियों की
सुख दुःख तो आनी जानी हैं
अधरों पर है मुस्कान मगर
नयनों में बहता पानी है

2. मृत्यु-नश्वरता

(103)
जब अंत निकट हो जीवन का
तब बात समझ में ये आए
आखिर दौड़े, किसके पीछे
सब छोड़ यहीं, जाना आगे

(104)
झूम उठे अनुकूल समय में
और बुझे प्रतिकूल में
स्वप्न सजाए आसमान के
पल मिल जाए धूल में

(105)
इस क्षण रिश्ते डोर बंधे हैं
उस क्षण सब बंधन खुल जाएं
इस क्षण वैभव चमक रहा है
उस क्षण भस्म शेष रह जाए

(106)
हर क्षण रंग बदलता जीवन
खिले कभी फिर मुरझा जाए
देह धरे और देह को त्यागे
चक्र अनवरत चलता जाए

(107)
मृत्यु के, इस तांडव में
खिलने का धर्म, निभा लेंगे
जन्म मरण के, चक्र में भी
कुछ पल, जीवन के पा लेंगे

(108)
गति श्वास की रूकती है जब
धड़कन, रेखा बन जाती
जो कहना वो आज ही कह दो
उम्र नहीं ये फिर आती

(109)
थोड़ा तुझको धन मान मिला
सोचा जग जीत लिया तूने
ये शोहरत और सम्मान सभी
बस दो पल का याराना है

(110)
लेता है कोई जन्म यहाँ
कोई जग छोड़ के जाता है
इक फूल खिले इस बगिया में
इक फूल कहीं मुरझाता है

(111)
सुख दुःख है सब उसकी माया
फिर किससे तू घबराता है
जीवन है जब कुछ पल का ही
कर ले मन को जो भाता है

(112)
नदियों की ये बहती धारा
है अंत बने सागर खारा
विराम मिले इस जीवन को
जब भस्म बने ये तन सारा

(113)
इस जन्म मरण के चक्र फंसे
है सुख पाने के सभी जतन
कोई इस मोड़ पर रूक जाता
उस मोड़ किसी का सफर खत्म

(114)
दिन बीत गये और रात कटी
यूँ उम्र अंत की ओर बढी
कुछ आस और कुछ स्वप्न लिए
ये काया भी फिर शून्य मिली

(115)
ये ज्ञान, ये तेरी उपलब्धि
कुछ काम नहीं आ पायेगी
मृत्यु जब तेरे द्वार खड़ी
संग चलने तुझे बुलाएगी

(116)
जो पाया सब खो जाना है
संग तेरे कुछ न जाना है
इस लोभ मोह के जाल फंसे
जीवन को व्यर्थ गंवाना है

(117)
प्राणी है तू इतना निर्बल
चोट काल की सह न पाए
इस पल इतराता घूमें है
उस पल मिट्टी बन खो जाए
(118)
ढह जातें कितने स्वप्न यहाँ
सब आस कहाँ पूरी होती
हर बीज से वृक्ष नहीं बनता
हर दीप को न मिलती ज्योति
(119)
न रहो अगर तुम दुनिया में
अंतर कोई न आना है
सूरज उतना ही चमकेगा
और चांद भी फिर उग आना है
(120)
दीपक की बाती बुझ जाए
फिर तेल भरा रह जाता है
जब प्राण देह का त्याग करें
तन मुर्दा ही कहलाता है
(121)
कली आज है दंभ भरी
कि भ्रमर कई मंडराते है
रूप गया लावण्य गया
न कीट पतंगें आते हैं

(122)
काया का करके यूँ श्रृंगार
इस देह पे क्यों इतराता है
कल प्राण तजेगें जब इसको
तन फिर मिट्टी हो जाता है
(123)
न दंभ कंस का रह पाया
न दशानन का अहम रहा
है मृत्यु लोक का वासी तू
अभिमान तेरा कितने दिन का
(124)
पलकें खोले क्यों सुप्त स्वप्न
है रक्त युवा पर ढला ये तन
मन चाहे, तोड़ें सब बंधन
फिर उड़ छू लें उन्मुक्त गगन
(125)
दिन कट जाए हंसते हंसते
फिर आंसू रात बहायेगी
अनसुलझी मेरी पहेली को
बस मृत्यु ही सुलझायेगी
(126)
चाभी भरे खिलौना नाचे
सांस भरे इंसान
गति श्वास की जब रुक जाए
काया हो निष्प्राण

(127)
क्यों चिंता कल की करें
क्यों बैठे विश्राम
निशा गगन घिर आएगी
जब बीतेगी शाम

(128)
शब्द दुपहरी शब्द सांझ हैं
शब्द है जीवन शब्द प्राण हैं
रूके गति जब सांसो की तो
सब निःशब्द हैं सभी शांत है

(129)
चाहे जितना रुप संवारो
इत्र से तन को महका लो
बुझा जो यौवन का ये दीपक
सब धुआं धुआं हो जायेगा

(130)
साथ नहीं था कुछ भी जाना
फिर भी बुना ये ताना बाना
ज्ञान है सबको आखिर में तो
मटकी में बन भस्म समाना

(131)
जतन करो तुम चाहे जितना
जाना सबको बारी-बारी
कोई छूटा चार कदम पर
किसी ने पूरी उम्र गुजारी

(132)
समय की धारा के संग नैया
इक दिन तो उस पार लगेगी
लौट न पाया जहाँ से कोई
वहीं पे यह पतवार थमेगी

(133)
काया तो ये मिट जानी है
रंग रूप भी ढल जाना है
देह सजाई है जो तुमने
भस्म उसे भी बन जाना है

(134)
बीती निशा, उषा है आए
जीवन आगे बढ़ता जाए
युवा जो कल थे, आज वृद्ध हैं
चक्र समय का रूक न पाए

(135)
शून्य से हमने जन्म लिया है
शून्य में ही मिल जायेंगे
धन- वैभव जो किया है संचय
छोड़ के मृत्यु पाएंगे

(136)
अनश्वर कोई नहीं
हर देह को त्यागे प्राण
कोई सुबह जग छोड के जाए
किसी की निश्चित शाम

(137)
उँचे कर लो सब दरवाजें
टांग लो परदे गहरे
कर्म का फल कब रूक पाया है
चाहे बिठा लो पहरे

(138)
बचपन में थे खेल खिलौने
मित्रो संग बीती तरूणाई
यौवन के रंगीन थे सपने
उम्र की लौ अब बुझने आई

(139)
प्राण बसे हैं देह में जब तक
सत्य है राम का नाम
राम नाम ही सत्य हो जाए
देह जो त्यागे प्राण

(140)
ऊंची दीवारें चुन वालो
लाख बिठा लो पहरा
रोके से न रूके किसी के
मौत दिखाए चेहरा

(141)
मृत्यु है इक क्रूर शिकारी
बच न पाये कोई तीर से
ढूंढ प्राण को हर लेगी ये
छिपे हो चाहे कहीं भीड़ में

(142)
आस का दीपक बुझा नहीं है
अब भी है कुछ ख्वाब अधूरे
सांस की डोरी छूटेगी जब
करना होगा सफर अकेले

(143)
खुशियों में बचपन था बीता
फिर यौवन ने स्वप्न दिखाए
सांझ ढली जब जीवन की तो
गति कर्म की थम सी जाए

(144)
रूप दमकता था दर्पण में
उम्र ढली तो दीन हुआ
चक्र काल का घूम रहा है
दे मृत्यु गतिहीन हुआ

(145)
तेल दिए का घटता जाये
बाती की लौ बुझती जाए
कर्म भलाई का भी कर ले
अवसर फिर आये न आये

(146)
रोग डस रहा है प्राणों को
मन क्यों भय अधीन हुआ
साथ छोड़ गये कुछ अपने
हृदय भी अब गमगीन हुआ

(147)
झोली में जो पीड़ाए है
सांस है जब तक उन्हें सहेंगे
मौन धरे वाणी का अब हम
व्यथा किसी से नहीं कहेंगे
(148)
इस क्षण खुशियाँ रंग बिखेरे
उस क्षण दुख के बादल छाए
इस क्षण यौवन मदमाता है
उस क्षण रोगी क्यों बन जाए
(149)
भय मृत्यु का मिट गया
चिंतन हुआ प्रधान
नश्वरता का बोध लिए
उतरी उम्र ढलान
(150)
रह जाना है सब यहीं
पद धन व परिवार
अंत बहा ले जाएगी
भस्म तेरी जलधार
(151)
कौन ठहर पाया यहाँ
ये जग तो एक सराय है
जीवन भर झोली को भरता
खाली हाथ ही जाए है

(152)
पथ जीवन के हैं अनजाने
धूप कहीं पे छांव मिले
मोड़ किसी पर फूल हैं बिखरे
कहीं नुकीले बाण मिले
(153)
सुख दुःख सब सहते चलें
अधर धरे मुस्कान
जाने कौन सी शाम हो
ये काया निष्प्राण
(154)
वर्ष माह दिन बीत चले हैं
उम्र कहाँ थम पाती है
शैशव यौवन प्रोढ वृद्‌ध फिर
काया ये ढल जाती है
(155)
किसने जीना है युगों-युगों
सब दो दिन के मेहमान है
करके संचय कुछ धनबल
मत भ्रम कर बड़ा महान है
(156)
शाखाएं इतनी फैलाई
गहराई जड़ पहुँच न पाई
आंधी फिर इक दिन घिर आई
वृक्ष उखड़ कर धरा समाई

(157)
है हृदय तेरा मुट्ठी भर का
अनवरत ये स्पंदन करता है
रूक जाती जब धड़कन इसकी
प्राण देह को तजता है

(158)
जतन सहेजा सभी गंवाया
कर्मो की बस छोड़ के छाया
त्याग यहीं सब किया कराया
भस्म बना और नदी समाया

(159)
समय अनवरत चल रहा
रूके न काल प्रवाह
आज जो रत्नों से सजा
कल अग्नि में स्वाह

(160)
काया पर कैसा इठलाना
माटी इसको बन जाना है
दंभ व्यर्थ है इस वैभव का
अंत तो कंधो पर जाना है

(161)
जो जन्मा मृत्यु पाना है
क्या लाये जो ले जाना है
तोड़ के माया के सब बंधन
कल फिर शून्य समाना है

(162)
आंसू से भीगी हैं पलकें
रिश्ते रंग बदलते हैं
जीवन किया था जिनपे अर्पित
छोड़ वही चल देते हैं

(163)
उड़े उंचाई पर कितनी भी
संग धरा का छूट न पाए
पंछी के जब पंख थके तो
फिर से अपने नीड़ समाए

(164)
निर्बल हो या हो बलवान
भिक्षुक या धनवान
अंत सभी की एक गति है
राख बने पहचान

(165)
तिनका कर ले अभिमान मगर
आंधी संग सब उड़ जाना है
मणिको से सज्जित सुंदर तन
कल फिर से धरा समाना है

(166)
जीवन की कैसी माया है
कहीं धूप, कहीं पे छाया है
है डोर बंधी कठपुतली सब
और धरे यह नश्वर काया है

(167)
समय के इस प्रवाह में
असंख्य नाम बह गए
न राज है, न पाट है
महल वीरान रह गए
(168)
खुशियाँ जिस आंगन बरसी थी
रूदन वही से आता है
उत्सव का कोलाहल कैसे
मातम यूँ बन जाता है
(169)
हाड़ मांस और रक्त की काया
धन पद थोड़ा पास जो आया
शक्ति पा ऐसे बौराया
भूला, सब दो पल की माया
(170)
ये समय नहीं थम पाता है
इसको बहते ही जाने दो
इस काया का है अंत यही
फिर मिट्टी में मिल जाने दो
(171)
नियति के इस खेल से
अपरिचित संसार
क्षण अगले करना पड़े
मृत्यु का सत्कार

(172)
श्वास चले यू खामोशी से
शोर न कोई हलचल है
अब थक कर बस थमना चाहे
गतिमान अनवरत अविचल है

(173)
कितने वर्षों अविराम चले
विश्राम नहीं सुब शाम चले
जब चलते-चलते थम जाएं
ये देह मुक्ति के धाम चले

(174)
क्या संग हमें ले जाना है
सब धरा यहीं रह जाना है
जो स्नेह-द्वेष मन में पाला
बन धुंआ यहीं उड़ जाना है

(175)
जीवन है संघर्ष की जिसमे
विजय, मृत्यु ही पाएगी
वैभव लाख बटोरो, लेकिन
सुई भी साथ न जाएगी

(176)
आज ले रहा है उफान जो
कल होगा उसका अवसान
धन-वैभव व रूप पे अपने
मत कर तू इतना अभिमान

(177)
मानव तेरी यात्रा
त्यागें अंत शरीर
भस्म बने बहना तुझे
किसी नदिया के तीर

(178)
है इंद्रधनुष सा ये जीवन
रंगों से भरी कहानी है
उल्लास -रूदन का मेल यहाँ
पल अगले से अनजानी है

(179)
बाती अब बुझने लगी
दीपक करें न शोक
प्राण त्याग कर देह हुई
अंत में यूँ खामोश

(180)
धुंआ- धुंआ है जिंदगी
न कल की कुछ खबर
खड़े है सब कतार में
लिखा के कुछ उमर

(181)
वो गया आज ये धरा छोड़
कल जाने किसकी बारी है
सांसें जितनी भर कर भेजी
बस उतनी उम्र बितानी है

(182)
दफन रहा जो मन के भीतर
सब कुछ अब कह जाने दो
बंधन सारे तोड़ के पंछी
दूर गगन, उड़ जाने दो

(183)
रूप लघु ही जन्मे है सब
रूप लघु ही जांएगे
हो निर्धन या कोई धनिक
सब मटकी भस्म समाएंगे

(184)
समय प्रवाहित हो रहा
सदीयां बीती जाएं
कल जो था, वो आज नहीं है
दृश्य बदलता जाए

(185)
जीवन के इस दीप मे
जब जगे ज्ञान की जोत
नश्वरता का बोध लिए
मन हो, आनंद का स्रोत

(186)
भोग विलास में डूब के
भूले नश्वर काया
रोग व पीड़ा ने जब घेरा
याद प्रभु तब आया

(187)
बिना शोध विज्ञान अधूरा
शक्ति बिन सम्मान अधूरा
गुड़ बिन है पकवान अधूरा
काया बिन ये प्राण अधूरा
(188)
मृत्यु के तांडव के बीच
गूंजी इक किलकारी है
हो विनाश कितना भी भीषण
सृजन ही उस पर भारी है
(189)
ये रूप सलोना चंदा का
न हवा और न पानी है
जीवन भी न पनपे इस पर
बस मृत्यु और वीरानी है
(190)
लौ जीवन की मंद हो रही
यौवन आभाहीन हुआ
रूप रंग काया ने खोया
तन भी अब बलहीन हुआ
(191)
रहीं हैं जो भी आस अधूरी
दफन उन्हें हो जाने दो
न चाहूँ मैं भोर नई इक
अब मुझको सो जाने दो

3. प्रकृति-पर्यावरण

(192)
धरती को हमने माँ समझा
वृक्षों को पूजा, मान दिया
पशुओ को अर्पण की श्रद्धा
नदियों को झुक प्रणाम किया

(193)
धूप से उजला दिन मिला
स्निग्ध चांदनी रात
पर्वत नदियाँ वृक्ष विहग
प्रकृति की सौगात

(194)
सूरज निकला छिप गया चांद
गाते है पंछी नया गान
किरणे पहुंची बगिया के द्वार
रंगों से प्रकृति है साकार

(195)
मस्तक ऊंचा नभ को छूता
हंसता था पर्वत, धरती पर
है वन जन से आबाद धरा
निर्जन चुपचाप है गिरी खड़ा

(196)
कलियाँ खिल के मुस्काएंगी
बगिया भी झूमे गायेगी
वर्षा बूंदे , मिट्टी से मिल
आँगन तेरा महकाएँगी
(197)
सांझ ढले दीपक जल जाए
जग सोये सपने जग जाए
झिलमिल तारों की चादर से
नभ में चंदा रुप सजाए
(198)
जिस डाल कली मुस्काती थी
वही शूल भी इक उग आता है
जो पुष्प महकता था कल तक
वो धूल आज मिल जाता है
(199)
जब झूम बहारें आयेंगी
मन की कलियाँ मुस्कायेंगी
फूलों की चुनरी ओढ़ धरा
सज दुल्हन सी शरमायेगी
(200)
अब न रंगभरी क्यारी है
बगिया न फुलवारी है
न चिड़िया है न तितली है
बैठी धरा कुंवारी है

(201)
वन तो सारे लुप्त हुए
और बस्ती नई बसा दी
धरा को पत्थर व गारे ने
ढक के, मृत बना दी

(202)
गमले कांटों से भरे
घर में लिए सजाए
कागज़ के इन मृत पुष्पों से
खुशबू कहाँ से आए

(203)
चीत्कारें कर दौड़ रहे हैं
सड़कों पर वाहन
जहर बनी है अब धुंए से
खुशबू भरी पवन

(204)
विलग हुए हम प्रकृति से
फिर जीवन भरी निराशा
मनुज नशे में हो मतवाला
ढूंढे चैन जरा सा

(205)
कैद है जीवन दीवारों में
पतझड़ बीत न पाए
जिस आंगन बगिया ही न हो
पुष्प कहाँ खिल पाए

(206)
सूरज नित गतिमान है
चंदा नभ की शान
धरा धुरी पर घूमती
श्वास गति से प्राण

(207)
पुष्प लाल से धरती ने
किया है रूप श्रृंगार
दुल्हन कोई ओढ़े चुनरिया
चले पिया के द्वार

(208)
वर्षा ने धरती को सींचा
हरियाली ने किया श्रृंगार
आओ वृक्ष लगाकर हम भी
दे अपना कुछ कर्ज उतार

(209)
क्या सोना और क्या चांदी
है मोती भी बेकार
पुष्प पत्तियों और कलियों से
करती है धरा श्रृंगार

(210)
लेकर, किरण से ऊर्जा
तेज, रवि का पाया
खोल पंखुड़ी, पुष्प खिला तो
सूरज भी शरमाया

(211)
पुष्प खिले हैं मन मुस्काया
बगिया संवरी रंग है छाया
यौवन लौटा रूप सजाया
हरियाली ने मन हर्षाया

(212)
पुष्प एक, यूँ मुरझाने से
बगिया नहीं, उजड़ जाती है
रंग कई, बिखरे रहते हैं
कलियाँ फिर से, मुस्काती है

(213)
नभ से जब, टूटे है तारा
गगन नहीं गिरता है सारा
न किरणों की आभा खोती
वही चमकता चंदा प्यारा

(214)
ऊंचे नभ पर, चंदा-तारे
धरा खिले हैं, सुमन ये प्यारे
कर्म लिखेंगे, किस्मत तेरी
रंग है ये, दो पल के सारे

(215)
पवन बहे, धरा हंसे
धूप संग, रूप बसे
रश्मियों का, तेज लिए
रंग भरे, पुष्प सजे

(216)
न सोना है न चांदी है
कुछ फूल हैं बस औ पाती हैं
ये किसने रंग बिखेरे हैं
बह महक कहाँ से आती है

(217)
करके श्रृंगार यूँ पुष्पों से
बन दुल्हन धरा लजाती है
यही अर्जन है बस जीवन का
जो बची, वो आपा धापी है

(218)
पानी थोड़ा धूप जरा सी
हरे पर्ण और छटा गुलाबी
मंद पवन संग महक यूँ फैली
झूमे बगिया खुश है डाली

(219)
चिड़िया पंख बिना उड़ जाये
गति सभी हिरन सी पाये
सूरज शीतलता बरसाए
सृष्टि का ये नहीं विधान

(220)
है भ्रमर पुष्प को ढूंढ रहा
तितली पराग की प्यासी है
सब व्यस्त है क्षुधा बुझाने में
क्या रानी है , क्या दासी है

(221)
दूर कहीं पपीहा गाए
कोयल मैना शोर मचाए
जब बादल बूंदे बरसाए
नाच मयूरी मन हर्षाय

(222)
फूल खिले , मंडराए भंवरे
मुरझाए तो छोड़ चले
केवल स्वार्थ बंधे जो रिश्ते
दुःख आए मुख मोड़ चले

(223)
कोयल बैठी, गाये कैसे
न वृक्ष कोई, तेरे घर में
तितली-चिड़िया, आये कैसे
तू छोड़ धरा, लटका नभ में

(224)
कांटों की है अपनी दुनिया
चुभकर अहसास दिलाते हैं
इन पुष्पों में मत खो जाना
कुछ शूल भी भाग्य तुम्हारें हैं

(225)
सूर्य ताप का वाहक है
और चन्दा बांटे शीतलता
फिरते हैं दुर्जन विष धर के
महके सत् जन ज्यो पुष्पलता

(226)
भोर भए संग किरणों के जब
चिड़िया नींद जगायेंगी
ओंस की बूंदों से कलियाँ भी
अपनी प्यास बुझायेंगी

(227)
कलियां खिल के मुस्काई है
पवन महक ले आई है
भोर की किरणें आशाओं का
नया सवेरा लाई हैं

(228)
पुष्प न रखते द्वेष किसी से
कलियाँ न करती अभिमान
वृक्ष सभी को छांव हैं देते
बन प्रकृति का इक वरदान

(229)
वृक्षविहीन धरती को करके
आखिर मनुज क्या पायेगा
इन सच्चे मित्रों को खोकर
कैसा पर्व मनायेगा

(230)
सूरज डूबे-चंदा निकले
समय का पहिया चलता जाये
जन्म कोई ले-कोई बिछुडे
सृष्टि अपना धर्म निभाये

(231)
ताप ग्रीष्म का सहना होगा
शीत का कंपन गहरा होगा
फिर आयेगी ऋतु बसंत जब
पुष्प धरा का गहना होगा

(232)
बगिया तो महकी फूलों से
मन की कली नहीं खिल पाए
ईर्ष्या द्वेष मिटे जब मन का
जीवन में बंसत तब आए

(233)
ऋतु आयेगी पुष्प खिलेंगे
धरा धीर तो स्वप्न फलेगें
बहे भाल जो स्वेद के मोती
बन माला वो कंठ सजेंगे

(234)
झिलमिल तारे हैं इठलांए
चंद्र गगन का रूप सजाए
फूलों की चुनरी को ओढ़े
धरा क्यों दुल्हन सी शरमाए

(235)
काश हो ऐसा कोई रसायन
कलियां सब खिल मुस्काएं
आंधी से न उजड़े उपवन
फूल न असमय मुरझाये

(236)
ऊंची मृत इमारतें
जहाँ है तेरा वास
जब महकेगी फूलों से
तब आएगी श्वास

(237)
पुष्प लाल से, धरती ने
किया है रूप श्रृंगार
दुल्हन कोई ओढ़े चुनरिया
चले पिया के द्वार

(238)
कहर शीत का जब टल जाए
सूर्य तपे और हिम पिघलाए
बांसती पुष्पों से सुषमित
धरा भी अपना रूप सजाए

(239)
अंबर बोला आज धरा से
क्यों मुझसे बैर निभाती हो
जहरीले धुएं से मेरी
सांसें छीने जाती हो

(240)
सांझ ने न्यौता दिया निशा को
और रवि संग विदा हुई
चंदा आया संग तारों के
और चकोरी फिदा हुई

(241)
रात चांदनी बीत गई
इक नई किरण उग आई है
पंछी उड़े हैं, नीड़ छोड़ कर
छूनी नई ऊंचाई है

(242)
पीपल में विष्णु बसते हैं
बरगद में शिव वास है
हर घर तुलसी पूजी जाती
प्रकृति पुण्य प्रवास है

(243)
उद्योगों ने धुआं उगला
नदियाँ मलिन बेहाल हुई
विष घोला हमने प्रकृति में
धुंध भरी हर शाम हुई

(244)
सभ्य नहीं था, जब मानव
जंगल ने, संबल-मान दिया
शिक्षित हो यूँ कर्ज उतारा
वृक्षों से वन वीरान किया

(245)
वृक्षों को देवो सा पूजा
धरा को माँ का मान दिया
नदियों आगे हो श्रद्धानत
पर्वत तीरथ धाम किया

(246)
जंगल सारे कट गये
खोदे गये पहाड़
नदियाँ भी अभिशप्त है
प्रकृति करे पुकार

(247)
पीपल नीचे बैठकर
बुद्ध ने पाया ज्ञान
प्रकृति के संसर्ग से
बनता मनुज महान

(248)
पेड़ कटे, जंगल मिटे
लुप्त हुई हरियाली
जहरीले काले धुंए ने
सांस दुरूह कर डाली

(249)
जो कहर धरा पर ढायोगे
तुम कैसे खुद बच पाओगे
बोये विनाश के बीज अगर
विध्वंस ही गले लगाओगे

(250)
कमरे ठंडे हो रहे
धरती तपती जाए
पृथ्वी की यह ऊष्मा
संकट रही बुलाए

(251)
धरती ज्वर से तप रही
मानव बाज न आए
प्रगति की इस दौड़ में
घर को रहा जलाए

(252)
गोद में जिसकी जन्म लिया
उस धरा का फर्ज निभाना है
नदियाँ पर्वत और वनों से
इसका रूप सजाना है

(253)
पंछी नभ में उड़ रहा
धरा तुच्छ न भाए
पंख थके शक्ति घटे
धरती गले लगाए

(254)
नभ घोर तिमिर छा जाएगा
चंदा भी आंख चुराएगा
तेरे आंगन में नभ से फिर
इक तारा उतर के आएगा

(255)
सागर की लहरों सा है
दिल में बिछुड़ा प्यार
यादों के झोंके के संग
उठे मिलन का ज्वार

(256)
पौधों से करता हूँ मैं
अक्सर दिल की बात
पत्ते फूलों ने मेरे
समझे सब जज्बात
(257)
चंदा संग चमके हैं तारें
पुष्प सजे हैं, आई बहारें
सूरज मुस्काया लाली संग
बादल नभ का रूप संवारें
(258)
पौधा उगता बीज से
पल्लव वृक्ष सजाए
जड़ गहरी को सींचकर
सब मीठे फल पांए
(259)
कण-कण मिल सृष्टि बने
क्षण सदियां बन जाये
बूंद -बूंद सागर भरे
पल्लव मिल वृक्ष सजाएं
(260)
सूक्ष्म बीज जब बना वृक्ष
फल छाया दे कल्याण किया
प्रेम मिला न मान मिला पर
अपना सब प्रतिदान किया

(261)
खिलते, इन सुंदर पुष्पों से
गर, मन न हर्षा पाओगे
उलझे इन खेल प्रपंचों में
ये जीवन, व्यर्थ गंवाओगे

(262)
मन झूमे जब सावन आए
भीगे डूबे और तर जाए
कभी धरा सा तप सूरज से
निर्जन व प्यासा रह जाए

4. भक्ति-साधना

(263)
विज्ञान ये माने न माने
सब खेल प्रभु रचाता है
तू पायेगा बस उतना ही
जो लिखा भाग्य में लाता है

(264)
तन है मृत्युलोक का वासी
मन है हर सुख का अभिलाषी
तन को मिट्टी हो जाना है
मन को प्रभु शरण आना है

(265)
विष बन जाए सब धन वैभव
डूब जो इसमें खो जाएं
लीन रहे बस अपने सुख में
कृपा प्रभु की बिसराये

(266)
सब डोर है उसके हाथों में
किस राह पे वो ले जायेगा
जो लिखा भाग्य में है तेरे
बस उतना ही तू पायेगा

(267)
बल - शक्ति भीतर है तेरे
मस्तिष्क भी अद्भुत पाया है
मनुज श्रेष्ठ है सब जीवों में
ये सृष्टि की माया है

(268)
बाधाओं से मैं निखरा
कष्टों ने मुझे संवारा है
तूफानों में अडिग खड़ा
मन में विश्वास तुम्हारा है

(269)
हाथ जोड़ करके नमन
हम चाहे दो वरदान
इक वाणी का मौन मिले
और अधरों पर मुस्कान

(270)
कथा सुनाते फिर रहे
बनते हैं भगवान
लोभ की दल - दल में धंसे
बांट रहे वरदान

(271)
मन एकाग्र न हो सके
इत उत भटका जाए
स्थिर बुद्धि पाए बिना
लक्ष्य नहीं सध पाए

(272)
ज्ञान क्रोध पर हावी होगा
मुख अमृत बरसायेगा
योग प्राण को शक्ति देगा
मन बसंत तब आयेगा

(273)
तन, मन के वश हो जाता है
जब मन, बुद्धि वश आता है
तन गिर कर, फिर उठ जाता है
मन हारा, न जय पाता है

(274)
सांझ में जो सूरज ढलता है
दिन उगते छिप जाए न
प्रभु तेरी इस सृष्टि में अब
रोग कहर ढा पाए न

(275)
भोग से ये मन ऊब गया
पर भक्ति में न रम पाया
कौन दिशा इसको जाना है
ये निश्चय न कर पाया

(276)
घर तो है रंगों से रोशन
तिमिर हृदय का मिट न पाया
बहुत बजाये ढोल मंजीरे
सुप्त हृदय पर जग न पाया

(277)
धूप दुखों की, सुख की छाया
कर्मो के है यह उपहार
तम जब गहराए जीवन में
प्रभु थाम लेते पतवार
(278)
अपनों ने जब साथ तजा तो
दुख आ बैठा मन के द्‌वार
पतझड़ ने सब रंग थे छीने
प्रभु ने लौटाया श्रृंगार
(279)
देह तेरी तृष्णा भरी
लोभ काम से पूर्ण
सुख की अंधी दौड़ में
गई प्रभु को भूल
(280)
अहं समर्पण को न समझे
भक्त कभी न बन पाए
ज्ञान रूप व धनबल पाकर
शील त्याग के इतराए
(281)
मन बन जाए वृंदावन
और भाव बने जब काशी
कृष्ण बसेगें हृदय हमारे
होगा दिल सन्यासी

(282)
दही मथे मक्खन मिले
कर्म मथे परिणाम
हृदय मथे शुद्धि मिले
और मिले भगवान
(283)
प्रभु को सब अर्पित किया
दृढ़ता मन में आए
मन विकार से मुक्त हो
जन्म सफल हो जाए
(284)
ऊचे पर्वत ओढ चुनरियां
माँ ने दरबार सजाया है
दुख का साया हृदय मिटाने
शक्ति पर्व फिर आया है
(285)
अर्थ प्रेम का कृष्ण सिखाएं
सह वियोग सदा मुस्कायें
मोह त्याग के स्थूल जगत का
सबको सच्चा धर्म बतायें
(286)
कृष्ण की इक उपासिका
मीरा उसका नाम
डूब श्याम की भक्ति में
जग पाया सम्मान

(287)
भोग बंधे इस तन व मन को
भक्ति भाव नहीं भाता है
वस्त्र झूठ के पहन लो जितने
सत्य नहीं पर ढक पाता है

(288)
जीवन को दुख घेर ले
कितना भी घनघोर
जोत जगे विश्वास की
सुख फैले चहुँ ओर

(289)
माँ करती है दंभ का मर्दन
और दुष्ट का अंत
पावन मन जो करे स्मरण
वो पाये फल अनंत

(290)
तप से तन को खूब तपाया
मन से विषय विकार मिटाया
भोग लोभ से दूर हुआ तन
तब मन भक्ति में रम पाया

(291)
निर्धन साधनहीन है
या तू है धनवान
माँ के घर में भेद नहीं
भाव का है सम्मान

(292)
जग बैरी चाहे बने
राह बिछे हो शूल
मस्तक चरणों में झुके
खिले कृपा के फूल

(293)
शक्ति की यह साधना
व्यर्थ कभी न जाए
साधन व बलहीन भी
स्वयं समर्थ बन जाए

(294)
शुध्द भाव जो व्रत करे
मन वांछित वर पाये
झूठ कुटिलता से मिला
नहीं अधिक फल पाये

(295)
मन में जैसा पल रहा
नयन वही दिखलाए
हृदय भरा जब विष से हो
अमृत कहाँ से पाए

(296)
कथा सुना उपदेश दे
आज के संत महान
खुले भेद जब करनी का
इस कथा का हो अवसान

(297)
पूर्ण नहीं जब कोई धरा पर
मन तेरा फिर क्यों निराश है
रिक्त सभी है थोड़े ज्यादा
जीवन में फिर क्यों विषाद है

(298)
पाप के रथ पर बैठकर
दूर कहाँ तक जाए
माँ का होता न्याय जब
धरा ये छल रह जाये

(299)
आसक्ति में काम की
तजी है लज्जा आज
रक्षित जब बेटी नहीं
कैसा सभ्य समाज

(300)
दुख देता सब को प्रभु
चित्त से नही लगाए
कष्ट तो आए जाएंगे
मन बुझने न पाए

(301)
साथ है ये सौभाग्य का
करो स्नेह सम्मान
सीता बिछुड़ के लंका पहुँची
वन-वन भटके राम

(302)
मन अधीर होने लगा
व्याकुल हुए विचार
संयम साथ न छोड़ दे
थाम लो माँ पतवार

(303)
सहज सरल जीवन रहे
द्वेष न कोई रोष
उम्र कटे आनंद से
अंत रहे संतोष

(304)
नमन है, उस शक्ति को, जिससे
जीवन में कल्याण मिले
भाव हों श्रद्धा से जब अर्पित
हर दुख को, विराम मिले

(305)
ध्यान करे जब भक्त प्रभु का
मन को, कुछ विश्राम मिले
झांक सके अपने भीतर जो
उसको ही भगवान मिले

(306)
कोई भक्ति में रमा
कहीं काम की प्यास
उलझी हुई है जिंदगी
सब अर्थ रहे तलाश

(307)
भाव हृदय के जब पावन हो
स्नेह से सींचा घर आंगन हो
स्वार्थ क्षीण व प्रेम प्रबल हो
सब मंगल हो सब मंगल हो

(308)
मिलकर तीन शक्तियों ने जब
धरा नया अवतार
ऊंचे पर्वत गुफा में माँ ने
रचा शक्ति संसार

(309)
अस्त्र-शस्त्र भी विफल हुए जब
दुष्ट को कोई रोक न पाया
सृष्टि की रक्षा करने को
कृष्ण सुदर्शन चक्र उठाया

(310)
भक्त ने जब भी श्रद्धानत हो
सच्ची करी पुकार
माँ ने उसके कष्ट हरे
और किया दुष्ट संहार

(311)
अंधियारा अब छा रहा
मन मेरा घबराए
चरणों में झुक कर तेरे
संबल सब है पाए

(312)
रंग के, मेंहदी से केशों को
दर्पण को क्यों झुठलाना
योग ध्यान संयम से ही अब
जीवन है जीते जाना
(313)
हो कितना, अन्याय सबल
हर दुष्ट अंत को पाता है
अम्बे जब सिंह सवार हुई
महिषासुर भी थर्राता है
(314)
अश्रु से धोकर मलिन ह्रदय
जब पावन मन संग आओगे
झोली भर के वरदानो से
माँ के द्वारे से जाआगे
(315)
तुम ढोंग रचालो कितने भी
माँ तो भावों को पहचाने
जो ह्रदय शुद्‌ध लेकर आए
उसको ही मां अपना माने
(316)
छंट जाए धुंध हताशा की
अवसाद ह्रदय का मिट जाये
सपनों को फिर से पंख लगें
नभ छूने को मन उड़ जाये

(317)
प्रवृत्ति जब दान की अपनाएं
दुखियों को संबल मिल जाए
न रहे मोह, जब संचय का
धन, पुण्य का साधन बन जाए

(318)
भक्ति का भाव प्रवाहित हो
चरणों में मस्तक झुक जाए
सब अर्पित कर उस शक्ति को
इस दंभ से हम मुक्ति पाएं

(319)
हम गुण संतोष का अपनाये
जो मिला उसी में सुख पाएं
मन को, थोड़े में चैन मिले
फिर लोभ फंसे न पछताए

(320)
शक्ति देना माँ भक्तों को
अन्याय न विचलित कर पाये
हम धर्म का मार्ग नहीं छोड़ें
मन कष्टों से न घबराए

(321)
कृष्ण है तुझमें, कृष्ण है मुझमें
कृष्ण रचा संसार है
नदिया-नौका छोड़ यहीं पर
जाना तो उस पार है

(322)
ये ढोंग रचाकर भक्ति का
मन निर्मल न कर पाओगे
कब तक इस झूठ कुटिलता से
सच को यूँ ही झुठलाओगे
(323)
सभी प्रभु का है दिया
तू क्या भोग लगाए
सच्चे मन से जो जपे
प्रभु को वो ही पाए
(324)
दंभ दर्प से मुक्त मति हो
सुख व दुख में एक गति हो
प्रभु अर्पित जब कर्म का फल हो
सब मंगल हो सब मंगल हो
(325)
जो धरे, झूठ व आडंबर
वो भक्त नहीं शिव को प्यारा
मन सच्चे से जो याद करे
दुख उसका, शिव हर ले सारा
(326)
ह्रदय हो जब कलियों सा निर्मल
राग द्वेष सब मिट जाए
मुक्त हुआ मन लोभ-मोह से
बस तुझमें ही रम जाए

(327)
प्रभु हमें स्थिर प्रज्ञा देना
सुख-दुःख में समभाव रहे
उन्मादो में न बहके हम
हंस , दुःख के प्रहार सहे

(328)
शक्ति देना, शेरों वाली
भय प्राणों का सब मिट जाए
पथ से अपने न विचलित हो
फिर शूल राह सौ बिछ जाए

(329)
हृदय बसे संतोष हमारे
थोड़े में खुश रह पाएं
दूजों का धन-भोग देख के
कपट व छल न अपनाएं

(330)
विचलित नहीं हो पीड़ा से हम
कष्टों में भी मुस्काएं
धूप छाँव में जीवन की अब
धीर धरे चलते जाएं

(331)
बिन सीता के राम अधूरा
बिन बंशी के श्याम अधूरा
कृष्ण बिना बलराम अधूरा
राम बिना हनुमान अधूरा

(332)
हैं सारी ही शुभ घड़ी
और सभी शुभ वार
भाव जो पावन हैं तेरे
संग चलें करतार
(333)
कौन दिशा मुड़ जाएगी
जीवन की यह धार
सबका तारणहार जो
वो थामें पतवार
(334)
पाप के अंगारे जब दहके
दंभ लांघ मर्यादा आया
पीड़ा से अकुलाए प्राणी
कृष्ण सुदर्शन चक्र उठाया
(335)
आभार करो कुछ उसका भी
जो झोली भरकर देता है
पाया उसमे ही खुश रहना
अतृप्ति भी अश्रद्धा है
(336)
वासुदेव मोहन केशव
श्यामा कृष्ण कन्हैया
नाम किसी से भी भज लो
पार करे वो नैया

(337)
कहीं है कान्हा, कहीं गोविन्दा
मोहन कही तो श्याम है
श्वास हरेक में बसे हैं केशव
जीवन के वो प्राण है

(338)
भजन करो ये प्रभु कहे न
न कहें तुम्हें उपवास करो
कर्म उन्हें सब अर्पित करके
बस सच्चे मन याद करो

(339)
भीतर है वो, बाहर भी वो
हर दिशा उसी की माया है
कण-कण में उसकी शक्ति है
जग सारा प्रभु समाया है

(340)
कहीं है तम, तो कहीं किरण है
परछाई भी तेरी शरण है
तुझे है अर्पित सुख-दुःख सारे
तुझी में आगम और गमन है

(341)
तन्मय रहकर भोग में
भूलें प्रभु का ध्यान
विपदांए जब घेर लें
याद आएं भगवान

(342)
मन एकाग्र न हो सका
इत उत भटका जाए
स्थिर बुद्धि पाए बिना
लक्ष्य नहीं सध पाए

(343)
भोग में ऐसा जकड़ा जीवन
काम वासना तज न पाए
यौवन मद में डूबे रहकर
भक्ति का बस ढोंग रचाए

(344)
मोह -लोभ, बंधन में हो जब
जीवन में कल्याण मिले
भाव हों श्रद्धा से जब अर्पित
हर दुख को, विराम मिले

(345)
जब संयम बाँधे तृष्णाएँ
चंचल मन को त्राण मिले
जिसने जान लिया है खुदको
उसको ही भगवान मिले

(346)
सड़क छोड़ पगडंडी पकडी
बैठा निर्जन स्थान
नदियाँ -पर्वत, जंगल ढूंढा
मिले नहीं भगवान

(347)
इक प्रश्न किया जब अर्जुन ने
सबको गीता का ज्ञान मिला
जो प्रज्ञा को स्थिर रख पाया
वो चिंता से अनजान मिला

(348)
दिव्य प्रेम की ऊर्जा
निकट प्रभु के लाए
पीड़ाओं को सह के भी
अधर सदा मुस्काए

(349)
बोलो जय, राधा-मोहन की
यह सृष्टी वही चलाता है
इस पल नभ में उड़ने वाला
कल औंधे मुंह गिर जाता है

(350)
मन जब द्विविधाग्रस्त हो
और न सूझे राह
करो प्रभु को तुम अर्पित
नैया की पतवार

(351)
विकल है मनवा नदियाँ सा
कल-कल बहता जाए
झील सी स्थिरता जब पायेगा
प्रभु तभी मिल पाए

(352)
शक्ति भीतर ही है तेरे
गर अनुभव तू कर पाए
योग ध्यान अभ्यास से ही
मन चंचल ये वश में आए

5. मित्रता-सम्बन्ध

(353)
स्नेह जुड़े सम्बध ही
हमको धनिक बनाएं
स्वार्थ की ठंडी छाव में
प्रेम पनप न पाए

(354)
द्वंद अहं का रिश्ते तोड़े
सुमन संग कांटे भी थोड़े
जीवन नहीं है छांव घनेरी
सहने होंगे गरम थपेड़े

(355)
बगिया जब महकी पुष्पों से
रस पीने भंवरे उड़ आए
घिर आए जब दुख के बादल
अपने भी न साथ निभाये

(356)
जतन न तेरे सदा फलेगें
और लक्ष्य न सदा सधेगें
शब्द न सारे, गीत बनेगें
सभी न मन के मीत बनेगें

(357)
अहं सखा है, निंदा का
दोनों मिल, कटुता फैलाएं
अहं, प्रीत का सदा ही शत्रु
नेह न गहरा हो पाए

(358)
तम गहरा है मन को घेरे
सुख बैठा है मुंह को फेरे
आस रखूं क्या, मैं औरो से
साथ नहीं जब अपने मेरे

(359)
हैं कच्चे रिश्तों के धागे
कुंती आज भी कर्ण को त्यागे
कभी सड़क तो कभी खेत में
जाये फेंकें ये अभागे

(360)
हानि-लाभ को तोलकर
मित्र बनाये आज
स्वार्थ पूर्ति जब न हो
मिटे स्नेह का भाव

(361)
पुष्प बोये तो पुष्प खिलेंगे
शूल बोये तो शूल
स्नेह ने बांधा जिन रिश्तो को
स्वार्थ करे प्रतिकूल

(362)
चाह लिए जीने की, मन में
अपनी राह निकालेंगे
पाषाणो को चीरेंगे
कांटों को, मित्र बना लेगें

(363)
धन उधार जो दे दिया
रिश्तों में पड़े दरार
प्रेम मित्रता हो दफन
स्नेह बने अंगार

(364)
स्वार्थ बंधा है, प्रेम जो
चोट नहीं सह पाए
देख विपत्ति में साथी को
दूर से नजर चुराए

(365)
धन ने खाई मित्रता
क्रोध बाद में रोया
दंभ ने तोडे सारे रिश्ते
लिखा राम वही होया

(366)
सिले हुए थे होंठ अभी तक
आंच न रिश्तों पर आए
बोझ नहीं सह पाए ये मन
अब सब कुछ, कहना चाहे

(367)
बिन वृक्षों के भुवन अधूरा
बिन आदर है नमन् अधूरा
लक्ष्य बिना है गमन अधूरा
और स्नेह बिन मिलन अधूरा

(368)
कोरे चिंतन से भला
मिलता कहाँ उपाए
संकट जब घेरे हमें
मित्र ही साथ निभाएं

(369)
सब सुख के ही मीत हैं
दुख में नजर चुराए
छांव सभी को भली लगे
धूप सही न जाए

(370)
बंधे डोर से रिश्तों की हम
ढूंढें सच्चा प्यार
कच्चे धागे जब खिंचे
दिल में पड़े दरार

(371)
क्या संग हमें ले जाना है
सब धरा यहीं रह जाना है
जो पाला मन में स्नेह-द्वेष
बन धुंआ यही उड़ जाना है

(372)
चल पलकों पे आज फिर
स्वप्न नये सजाते हैं
मन का सारा द्वेष मिटाकर
आओ गले लग जातें हैं
(373)
सदा न साथी संग चलेगें
स्वप्न नहीं सब रंग सजेंगे
मदद नहीं सब हाथ बढ़ेंगे
छिपे दिलों के राज छलेगें
(374)
रिश्ते हैं ये, गणित नहीं
की जोड़ घटा फल पाएं
गहरी एक पहेली बन क्यों
अनसुलझे रह जाए
(375)
नहीं है बंधन जन्मों का ये
बस इक कच्चा धागा है
अहम को हल्की चोट लगे तो
टूट बिखर सब जाता है
(376)
रूठे, जो उन्हें मनाना है
दुख छोड़ के फिर मुस्काना है
जो फूल धरा पर गिरा हुआ
माला में उसे सजाना है

(377)
स्नेह, सखा सुदामा का
भूल न पाए श्याम
देख मित्र की निर्धनता
द्रवित हुए भगवान

(378)
अंखियो से आंसू गिरे
छाए हृदय विषाद
जब तेरे विश्वास पे
मित्र करे प्रतिघात

(379)
घुले स्वार्थ जब संबंधों में
स्नेह दिखावा बन जाता है
रिश्तो से जो बंधा हुआ था
तोड़ वो बंधन उड़ जाता है

6. प्रेम-विरह

(380)
कुछ रंग में मेरे, तू डूबे
कुछ रंग तेरा, मैं पा जांऊ
रहे मन विभोर, यूँ रंगों में
न तोड़ ये बंधन जा पांऊ

(381)
अंधियारे को चीर के, इक
किरण आस की आने दो
मन के इस सूने आंगन में
फिर कली एक मुस्कानें दो

(382)
वज्र नहीं, ये हृदय है कोमल
आघातों को सह न पाए
लगे चोट तो खंडित होकर
पीड़ाओं को गले लगाए

(383)
पीड़ा ने जकड़ा प्राणों को
दुःख से हुई सगाई है
यादों ने है मन को बींधा
चुभती बहुत जुदाई है

(384)
किरणों से उजली भोर हुई
और सांझ में लाली छाई है
तुम खुश हो, अपने जीवन में
न रात मेरी, कट पाई है

(385)
आघात सहे पीड़ायों का
बह चली नयन अश्रु धारा
कुछ देर से ही, पर मन समझे
है खेल भाग्य का ये सारा

(386)
थामे हाथ, जो संग जुड़े हैं
कहीं बिछड़ वो जाएं न
छांव नेह की, छाई है जो
धूप वो कल बन जाए न

(387)
सब लीन यहाँ अपने सुख में
और स्वार्थ जुड़ा हर नाता है
मुख मोड़ चले सुख के साथी
जब बुरा समय घिर आता है

(388)
सभी मनुज को गढा प्रभु ने
इक-दूजे से विपरीत
बंध जाते हैं आपस में जब
जगे दिलो में प्रीत

(389)
सोते है फिर जग जाते हैं
दिन यूँ ही कटते जातें हैं
राह पे लोग हजारों मिलते
बस कुछ ही मन को भाते हैं

(390)
व्याकुलता मैं कहाँ छिपाऊँ
विकल हृदय को क्या समझाऊँ
गगन में उड़ते इस पंछी को
अब पिंजरे मैं बांध न पांऊ

(391)
क्या भूलें और क्या याद रखें
क्यों जले स्वप्न की राख रखें
ये विरह-मिलन ही जीवन है
कड़वा फिर क्यों अहसास रखें

(392)
क्यों रूठी है जिंदगी
आओ फिर इसे मनाते हैं
बिछुड़ गये हैं जो हमसे
फिर उनको, गले लगाते हैं

(393)
सब पुष्प सूख के बिखर गए
भंवरों ने आंख चुराई है
जब साथ छोड़ अपने चल दें
पीड़ा ही हिस्से आई है

(394)
प्रेम तो है नभ का इक पंछी
चुग दाना उड़ जाएगा
जिस आंगन में अन्न दिखेगा
नज़र वहीं वो आएगा
(395)
विरह की पीड़ा, सही न जिसने
अर्थ प्रेम का, समझ न पाया
जला जो ज्वाला में वियोग की
निखर वही कुंदन बन पाया
(396)
तीव्र वेदना प्रेम की
मन कैसे सह पाए
ज्वार उठे जब यादो का
अश्रु न रुक पाये
(397)
न कट रही है रात ये
नयन न नींद छाई है
तड़प रहे वियोग मे
की दर्द से सगाई है
(398)
प्रेम प्रदर्शन खूब किया
और भाव दया का दर्शाया
द्‌वेष की काई जमीं है ऐसी
हटा नहीं उसको पाया

(399)
प्रेमी का मन चैन न पाए
मूंदे पलकें नींद न आए
साथ छोड़ कर चले गये जो
यादे उनकी बहुत सताए
(400)
नेह भुलाकर साथ छोड़ कर
कसमों के भ्रमजाल तोड़ कर
चले गए तुम नई डगर पर
बीच हमे मंझधार छोड़ कर
(401)
प्रेम में वो ही डूब सका
जो मति शून्य हो जाता है
सोच समझ जो बांधा जाये
नहीं पवित्र वो नाता है
(402)
जो बैठे है हमसे रूठे
फिर बाहें उन्हें बुलाएंगी
नयन बहा देंगे जब अश्रु
मुस्कान लौट के आएगी
(403)
श्याम जो राधा के हो जाते
विरह का न हो पाता भान
त्याग की शक्ति का फिर कैसे
जग में करते सब गुणगान

(404)
ढूंढ रहा दिल, फिर वो साथी
यौवन जिनसे रंगीन हुआ
भंवरा भटक रहा उपवन में
पुष्प ही अब रसहीन हुआ
(405)
देह रहे न इस दुनिया में
फिर भी मैं साथ निभाऊंगा
दूर बहुत उस दुनिया से ही
नेह तुझ पर बरसाऊंगा
(406)
स्वार्थ जुड़े हैं रिश्तें सारे
लोभ बंधा है प्यार
फंसे भंवर में जब विपदा के
नज़र न आयें यार
(407)
बीज गिरे संदेह का
वृक्ष घना बन जाए
उजियारा विश्वास का
कहीं नजर न आए
(408)
नाग जो संशय का डसे
विष ऐसा दे जाए
हरी भरी बगिया को भी
शक ने दिया सुखाए

(409)
स्वार्थ मिले जब संबधों में
स्नेह में भी विष घुल जाता है
हटे धूल जब दर्पण से तो
सच्चा रूप नजर आता है

(410)
बंधे प्रीत से, जो बसंत में
त्याग चले वो, पतझड़ में
थाम के, जिसका हाथ चले हम
साथ दिया हर मौसम में

(411)
गुण-राशि का, मेल करा कर
हमने रचा विवाह
कुछ दिन भी न, संग रह सके
स्वप्न हुए सब स्वाह

(412)
अहं प्रेम को, बाधित कर दे
विष रिश्तों में फैलाए
अहं तोड़ दे, सम्बंधों को
स्नेह जिन्हें है पनपाये

(413)
जब स्वप्न टूट के बिखरेंगे
चुभ शूली लहू बहाएगी
टूटेगी प्रेम की डोरी तो
पीड़ा मन में भर जाएगी

(414)
बिछुड़े जो बीच राह हमसे
उन्हें दुनिया नई बसाने दो
इन स्वार्थ में डूबे रिश्तों को
रंग अपना सही दिखाने दो

(415)
क्षीर सा पावन ये नाता है
चंदा भी नभ मुस्काता है
दिन बीते या ऋतुएं बदलें
प्रेम की न, बदले भाषा है

(416)
बिन चंदा ये गगन अधूरा
बिन श्रद्धा के भजन अधूरा
अग्नि बिन है हवन अधूरा
और प्रेम बिन जन्म अधूरा

(417)
काश हो ऐसा कोई रसायन
बादल भी नेह बरसाए
धरा हो सारी स्नेह से सिंचित
प्रेम पल्लवित हो पाए

(418)
तेरी मेरी पहेली को
कोई समझ न पाया
भूल हुई थी हमसे इक
दुख जीवन भर पाया

(419)
वृक्ष प्रेम का जब फले
कड़वा फल भी आए
विरह वेदना के बिना
प्रेम न परखा जाए

(420)
इस राह पे कोई मिलता है
उस मोड़ पे फिर खो जाता है
ये मिलन विरह ही जीवन है
सब पल दो पल का नाता है

(421)
निशा कोई मिलन की होगी
आंसू विरह बहाएगी
रात चमकते तारों वाली
फिर से तुझे रूलाएगी

(422)
स्नेह भरा मन कभी यू छलके
भीतर चाह हजारों भरके
अनजानों से जोड़े रिश्ते
रहे उन्ही संग फिर वो बंधके

(423)
खुशियों के रंगों में रंगकर
प्रेम भरी होली मन खेले
भटके हुए मुसाफिर सा फिर
निर्जन पथ पर चले अकेले

(424)
है विरह प्रेम की मंजिल जब
फिर क्यों आंसू बरबाद करें
जिस पर लुट जांए सब खुशियाँ
क्यों उस पथ का आगाज करें

(425)
रिश्ते हमने खूब बनाए
कुछ दूरी सब साथ निभाएं
इस दोराहे मिले कोई तो
उस चोराहे छोड़ के जाए

(426)
है प्रेम जहाँ पलता दिल में
वहीं छल भी घात लगाता है
वादे होते है मिलन के जब
इक विरह गीत बन जाता है

(427)
किससे बोले, फरियाद करे
जब अपने ही न याद करे
रिश्ते सारे है, स्वार्थ जुड़े
सब मतलब की ही बात करें

(428)
किस दर्द को लेकर, मैं बैठा
कोई क्यों, तहकीकात करे
जब सूरज चमके, आंगन में
चंदा की फिर क्यों बात करें

(429)
बिन आभा के स्वर्ण अधूरा
कर्म बिना है स्वप्न अधूरा
बिंदिया बिन श्रृंगार अधूरा
भाव बिना है प्यार अधूरा
(430)
जो ह्रदय दबी है, पीर मेरे
चल आज उसे स्वीकार करें
पथ पर बिखरे हैं जो कांटे
वो फूल समझ के पार करें
(431)
जो साथ छोड़ कर चले गए
उनसे अब क्यों दरकार करें
खंडित इन स्वप्नों को ढोते
चल अब ,खुद से ही प्यार करें
(432)
छल-धोखा ही, उनकी आदत
वो कितना भी, इंकार करें
तुमने परखा है, गहरे से
हम तो बस सच्चा प्यार करें
(433)
डोर बंधे रिश्तों की हम
ढूंढें सच्चा प्यार
कच्चे धागे जब खिंचे
दिल में पड़े दरार

(434)
कभी सहेजे गुजरे पल को
कभी बहक सब बिसरा दे
मिले है धोखा जब अपनों से
ह्रदय टूट सब बिखरा दे
(435)
अश्रु क्यों रूकते नहीं
थमे नहीं जज्बात
शाम उदासी में डूबी
कटी नींद बिन रात
(436)
कैसे कह दूँ, तुम अपने हो
मेरे ही टूटे सपने हो
जो बीत गया वो लम्हां हो
इक ह्रदय बिसारा नगमा हो
(437)
प्रेम बिना कैसा विरह
बिन जन्में क्या मृत्यु
रात बिना तारे कहाँ
बिन केवट क्या सरयू
(438)
क्या मैंने, तुझमें देखा
और क्या तूने, मुझमें पाया
नजर मिली, दिल में उतरे
और संग चले, जैसे साया

(439)
चल पलकों पे आज फिर
स्वप्न नये सजाते हैं
मन का सारा मैल मिटाकर
आओ गले लग जातें हैं

(440)
तुमने इक क्षण नहीं विचारा
साथ छोड़ कर किया किनारा
जैसे तजकर पर्ण हीन वृक्ष
पंछी ढूंढे नया ठिकाना

(441)
नयन फिरे गली-गली
मगर मुझे, वो न मिली
स्वप्न सभी बिखर गये
औ शूल बन चुभी कली

(442)
कहा नहीं, जिसे कभी
न कोई जिसे सुन पाया
दर्द ये दिल का आज क्यों
नयनों से बह आया

(443)
सागर से इन नयनों में
भरा अपरिमित नीर
मंझधारे जो टूट गई
नाव न पहुंचे तीर

(444)
वचन पूर्ण न हो सभी
वादें न निभ पाएं
क्षण अगले क्या होना है
जान कोई न पाए

(445)
वाणी काबू में नहीं
मुख कुछ भी कह जाए
कड़वे बोलों से तेरे
प्रेम पनप न पाएं

(446)
स्वार्थ जुड़े रिश्ते है सब
हृदय नहीं नेह धार
जब घेरे विपदा हमें
परखा जाए प्यार

(447)
जग सारा, हो जाए पराया
प्रेम ने अपना वचन निभाया
जब हाथों में, हाथ लिया तो
जीवन भर वो छूट न पाया

(448)
जीवन की इन राहों पर
मिलते है लोग हजार
भाग्य मिले ऐसा कोई
दिल जांए जिस पे हार

(449)
ये प्रेम है, पथ अंगारों का
और ताप हृदय तक आना है
कुछ कदम साथ चलकर साथी
फिर राह अलग मुड़ जाना है

(450)
कांटों से हमने प्यार किया
दुख का झुक कर सत्कार किया
हर आह दबाई मुस्का के
न पीड़ा का इजहार किया

(451)
समय जो हो अनुकूल तो
नेह सभी दिखलाए
दुख वेदना के बिना
प्रेम न परखा जाए

(452)
जड़े हो गहरी, यदि प्रेम की
हर विपदा सह जाता है
स्नेह डोर जो बंधे हो रिश्ते
तोड़ न कोई पाता है

(453)
स्नेह बंधे सम्बन्ध ही
हमको धनिक बनाएं
धन दौलत हीरे मोती से
प्रेम न क्रय हो पाए

(454)
प्रेम है गंगा, प्रेम हिमालय
प्रेम है पावन क्षीर
कभी अकेला नभ चंदा सा
कभी ज्यों संगत भीड़

(455)
व्योम के नीले पटल पर
जगमगाए तारें हैं
प्रेम की लौ जग उठी है
दिल ये तुझपे हारें है

(456)
राग द्वेष से मुक्त हृदय कर
स्नेह के पुष्प खिलाते हैं
धूल सने इस दर्पण से आ
भ्रम का जाल हटाते हैं

(457)
क्या मैंने तुझमें देखा
और क्या तूने मुझमें पाया
नजर मिली दिल में उतरे
और संग चले जैसे साया

(458)
जब प्रेमी की आह थी गूंजी
अंबर के उस पार
पर्वत नदियाँ और धरा से
उठी एक चीत्कार

(459)
घाव हृदय के बहुत है गहरे
नयन में अश्रु आज न ठहरे
मेरी विरह वेदना पर क्यों
बने हो सब यू गूंगे बहरे

(460)
प्रेम में जो भी छला गया
दिल उसका यूँ मुरझाया है
दीप जहाँ जगमग थे कल तक
तिमिर आज घिर आया है

(461)
ये कदम दूर तक जातें हैं
निशां पीछे रह जाते हैं
जो बिछड़ गये हैं बीच सफर
बस याद उन्हें कर पाते हैं

(462)
तुम गौर वर्ण, मैं श्याम छवि
ये मिलन अनूठा है अपना
यूँ डोर प्रेम की बंधे रहे
सच हो जीवन का हर सपना

(463)
किस मोड़ पे वो पल आ जाए
जब साथ न तू मुझको पाए
चल भूल के सारे शिकवे हम
संग बैठ के कुछ क्षण मुस्काएं

7. साहित्य -सृजन

(464)
नियमों में बंध कर भला
सृजन कहाँ हो पाए
मुक्त कलम से ही कवि
पहुँच रवि तक पाए

(465)
पढ़ो लिखो और ज्ञान को साधो
शब्द गूंथकर भाव सजा दो
रचो गीत तुम कोई ऐसा
भटक रहे को नई दिशा दो

(466)
गहरी जब अनुभूति हो
रचना में डाले प्राण
उथले अनुभव से निकली
अभिव्यक्ति नहीं महान

(467)
न दिनकर सा ओज है
न कबीर सी धार
रचा तुच्छ ये, जो भी मैंने
श्रीमन् करो स्वीकार

(468)
न तो मैं दोहा रचूँ
रचूँ न मैं चौपाई
भावों की धारा है यह
जो निकल हृदय से आई

(469)
पुष्प गूंथे जब धागे में
बने गले का हार
भाव पिरोये शब्दों को
कविता हो साकार

(470)
बिन जाने जब मर्म को
किया है अर्जित ज्ञान
इस अभ्यासी ज्ञान पर
कैसा ये अभिमान

(471)
धूल है सब उपाधियाँ
थोथे सब सम्मान
एक कबीरा रच गया
दोहे कई महान

(472)
पोथी का करके स्मरण
भए बड़े विद्वान
सृजन नया न कर सके
कोरा है सब ज्ञान

(473)
मधुर स्पष्ट वाणी में जब
कविता का हो पाठ
श्रोता को यूँ बांध ले
ये शब्दों का पाश

(474)
माला, मंच के मोह से
मुक्त कलम की धार
दुशाले सम्मान की
किसको है दरकार

(475)
प्रभुता जिस सर चढ़ गई
और हृदय अभिमान
सृजन विदा फिर हो गया
बचे है, मिथ्या मान

(476)
काष्ठ, कांस्य के चिन्ह ये
धूल सने रह जाएं
शब्दों की ये गूंज पर
युगों - युगों सुन जाए

(477)
नभ के इन तारों सा है
रचना का संसार
मिला नाम कुछ ग्रहों को
चमके कई हजार

(478)
सृजन बंधा न ज्ञान से
न पदवी का दास
भाव कभी हैं हर्ष के
दिल है कभी उदास

(479)
घर में, मेरा इक कोना है
जहाँ शब्द समेटा करता हूँ
कुछ सज जातें हैं छंदों में
बाकी सहेज के रखता हूँ

(480)
कलम सृजन करती रहे
शब्द सजाएं गान
ऐसा वर देना प्रभु
कभी उपजे न अभिमान

(481)
लोग चाहे अनदेखा कर दे
मंच न मुझे बुलाएं
सृजन अनवरत करना होगा
कलम नहीं रूक पाए

(482)
संघर्षों में, उम्र बह गई
स्वेद बहाई जवानी
रची गई जो कलम से श्रम की
सफल हो वही कहानी

(483)
मन चाहा जो लिख दिया
निर्धन नहीं विचार
तुक, छन्दों के मेल से
मिलती खुशी अपार

8. लोक-व्यवहार

(484)
गति झूठ की है प्रबल
पल में मीलों जाए
राह कठिन है सत्य की
बोलें सब घबराए

(485)
स्वप्न संजोए सब वैभव के
श्रम सब साध न पाएं
भाग्य भरोसे बैठे रहकर
जीवन व्यर्थ गंवाए

(486)
तन को इत्र से महका कर
पहने सुंदर परिधान
रंग रूप व सज्जा से ही
आज मिले सम्मान

(487)
ऊंची हो उड़ान तुम्हारी
कौन नहीं चाहता है
बिसरा दो फिर मात पिता को
मन को न भाता है

(488)
हिरन कुलांचे भर रहा
मछली तरती जाए
बना प्रमादी अब मनुज
श्रम से ही घबराए

(489)
जल बहना जो छोड़ दे
निर्मल न रह पाए
मानव उद्यम न करे
काया रोग समाए

(490)
श्रम व कर्म से चल रहा
सृष्टि का सभी विधान
कोई बैठा निष्क्रिय
कोई रहता गतिमान

(491)
साहस है संबल तेरा
पुरुषार्थ से ही कुछ पायेगा
भाग्य भरोसे यूँ बैठे
न लक्ष्य तुझे मिल पाएगा

(492)
रंग भरे हो स्वप्न तेरे
या ऊँचे भव्य विचार
जीवन में संघर्ष से ही
खुले विजय के द्वार

(493)
कर्मशीलता से ही सब
काज सफल हो पाएं
स्वप्न सजाए रखने से
मंजिल न मिल पाए

(494)
लीक से हटकर जो चले
रचे नया इतिहास
जो परिवर्तन से डरे
लक्ष्य सके न साध

(495)
गुणों का सौरभ जब महकेगा
शील रूप सजायेगा
लज्जा नयनों में समायेगी
मन सबका हर्षायेगा

(496)
तप सूरज के नीचे हमने
रात चांदनी पाई है
अंगारों में दहके सोना
माला तब बन पाई है

(497)
आधी उम्र गुजारी हमने
पीछे धन के भाग
बची उम्र में सेहत ने फिर
त्यागा अपना साथ

(498)
कर्म विजय को पायेगी
श्रम आंगन महकायेगी
स्वेद भाल जो बहती है
भाग्य वही चमकायेगी

(499)
ये दौर है बस बड़बोलों का
मितभाषी कुछ न पाता है
जो हुनर पास है वाणी का
बिन कर्म प्रशंसा पाता है

(500)
वो बेर बेचकर चले गए
यहाँ मोती झोली पड़े रहे
सब खेल है मुख की वाणी का
हम मौन धरे ही खड़े रहे

(501)
निर्बल पे जुल्म जो ढाएगा
वो आह से न बच पाएगा
इक श्राप किसी दुखियारे का
सुख चैन लूट ले जाएगा

(502)
तुम ख्वाब सजा लो जन्नत के
तकदीर लिखा मिल पाएगा
जो कंठ सजाया हार समझ
बन विषधर वो डस जाएगा

(503)
नादानी में बीता बचपन
अल्हड़पन ले आई जवानी
प्रोढ़ हुए संजीदा बनकर
वृद्‌ध भए संग आई लाचारी
(504)
छल-कपट विचार अहित का
अच्छे कब परिणाम दिखाए
सर्प उसे ही डस लेता है
पाल उसे जो दूध पिलाये
(505)
दंभ धरे पद और वैभव का
दया सरलता को हम भूले
तिरस्कार निर्धन का करके
दुष्टों के नतमस्तक हो लें
(506)
लोभ नहीं और स्वार्थ नहीं
न हो अर्जन का भाव
मन पुष्पो सा खिल उठे
पा कर संतोष की छांव
(507)
शास्त्र पढ़े विज्ञान पढ़े
पढ पोथी क्या होए
गति कर्म को नहीं मिले
ज्ञान ही बाधक होए

(508)
अहं सत्य को, सुनने न दे
अहं न सच को दिखलाए
अहं ही पथ से, भ्रष्ट करे
और राह पे कांटे बिखराए

(509)
बीज डाल पौधा उगे
वृक्ष बने फल देय
होए पुत्र समर्थ जब
परिजन को तज दे

(510)
चापलूस व कुटिल ही अब
पेड़ चढ़े फल खाए
सहज सरल वृत्ति जिनकी
वो जड़ ही सींचे जाए

(511)
गुण प्रकृति की देन है
दिशा यही दिखलाए
कोई मंदिर ओर चले
कोई मदिरालय जाए

(512)
भोग जिसे देता प्रभु
वो आयु अधिक न पाए
निर्मल सत् गुण जो धरे
स्वस्थ वही रह पाए

(513)
कथनी के तो धनिक बहुत है
करनी के है सब कंगाल
ज्ञान जीभ तक ही सीमित है
कर्म पड़ा भीषण अकाल

(514)
गति से अपने कर्मो की
तू भाग सके तो भाग
फल मीठा न पायेगा
जब बोये कंटीले झाड़

(515)
श्रेय लेने उपलब्धि का
सब रचे प्रपंच हजार
भागीदारी दंड में करने
कोई न हो तैयार

(516)
प्रबल है जब निश्चय तेरा
और पवित्र सब भाव
देना होगा भाग्य को भी
हार के तेरा साथ

(517)
युद्ध कोई हो, ध्वंस है निश्चित
पाप विजय व सत्य है लज्जित
दमन सत् जनों का ही होगा
कौरव जब सत्ता पर काबिज

(518)
शब्दों के होकर प्रवीण
वो नीम पे मीठे आम उगा दें
चाटुकारों की कला है न्यारी
इसे उठा दे, उसे गिरा दे
(519)
रस पिए जो निंदा का
और ढूंढे सब में दोष
कमल नहीं उनको प्रिय
बस कीचड़ दे संतोष
(520)
होकर शून्य विवेक जब
तजा पुण्य का मार्ग
गति पतन की ही मिली
लगी सुखों में आग
(521)
दिल को सिर्फ ख़ुशी है भाती
दर्द पराई क्यों हर्षाती
जब अपनी बारी आ जाती
हृदय को पीड़ा बहुत सताती
(522)
मितभाषी गंभीर ही
मान जगत में पाए
बड़बोले वाचाल से
सज्जन सब कतराएं

(523)
अहं न देखे, गुण दूजे के
अपना ही यशगान करे
अहं हो हावी, जिस बुद्धि पर
पतित उसी का मान करे

(524)
काम में कोई हुआ है अंधा
धन पीछे कोई भागे
मृग माया के, वशीभूत हो
टूट रहे संयम धागे

(525)
बो कांटे औरों के पथ पर
मन ही मन मुस्काता है
शूल यही पग में धंस कर
कल तेरा लहू बहाता है

(526)
ये मन है सागर सा गहरा
अगम -अथाह -अबूझ
पुस्तक कभी खुली सी है
कभी है उलझा सूत

(527)
कोई भागे धन के पीछे
कोई रुप का है प्यासा
मोह के बंधन टूट न पाए
पूर्ण न हो सब अभिलाषा

(528)
कांटों को मित्र बनाकर जब
फूलों सा तुम मुस्काओगे
दुख के काले बादल से भी
इक किरण चुरा ही लाओगे

(529)
गति कर्मों की जब पाता है
सब छूट यही रह जाता है
कर याद तू अपनी करनी को
क्यों अंत समय पछताता है

(530)
विष लिए विचारों में फिरते
सुख चैन कहाँ से पाओगे
अग्नि में द्वेष शत्रुता की
तुम पहले खुद जल जाओगे

(531)
घाव जिव्हा देती है जो
वो कभी नहीं भर पाए
संयम वाणी का धरें
संकट पास न आए

(532)
दुख का अंधियारा मन पर
गहरा जब छा जाये
धैर्य आस्था और साहस
हमको राह दिखाए

(533)
मौन का जब अभ्यास करेंगे
गहरे मोती पाएगे
द्वार सुखों के खुल जाएगे
कष्ट में हम मुस्काएगे

(534)
पुष्प महकता था बगिया में
आज धरा पे लीन हुआ
शव की तस्वीरे लेता अब
मनुज संवेदनहीन हुआ

(535)
शहर - शहर अब कुरुक्षेत्र है
गली - गली में बैठा शकुनि
भाई - भाई का रक्त बहाये
रिश्तों ने महाभारत रच दी

(536)
हवा चली जब ढोंग की
सत्य खड़ा शरमाए
कागज के रंगी पुष्पों से
महक कभी न आए

(537)
धरती नभ से पूछती
इतना क्यों इतराए
पंख थके पंछी के जब
लौट धरा पे आए

(538)
वाणी जब अपराध करे
संकट फिर यूँ आए
पुण्य कमाया था जो वर्षो
पल में धरा समा जाये
(539)
हथियार उठाए फिरते हैं
सीने पे गोली खायेंगे
जो अनल जगाई हिंसा की
उसमें खुद ही जल जायेंगे
(540)
शक का कोई तोड़ नहीं है
जड़े अगर जम जाए
राम ने सीता त्यागी इक दिन
चला न कोई उपाय
(541)
मन ये कितने रूप दिखाए
कभी हंसाए, कभी रूलाए
अडिग कभी हो, शिला के जैसा
रूई सा कोमल, फिर बन जाए
(542)
देख खुशी दूजो की मनवा
क्यों विचलित हो जाए
कर्म है उनके, भाग्य है उनका
विधि रचा सब पाएं

(543)
दुष्ट नहीं अब देव से हारे
दुर्जन के लगते जयकारे
बाहुबल से सहमें है सब
कौन जगत की दशा सुधारे

(544)
विष, ईर्ष्या का, रक्त में
मनुज के जब घुल जाये
कष्ट देख फिर औरों का
वो, मन ही मन हर्षाये

(545)
आग लगाने औरों के घर
अंगारे जो दहकाये
चिंगारी से इन लपटों की
खुद कैसे वो बच पाये

(546)
नतमस्तक हो धनबल आगे
दृष्टिवान धृतराष्ट्र बने हैं
दंभ धरे अब दुश्शासन सा
दुर्जन भी विद्वान हुए हैं

(547)
भरा है, वैभव से घर आंगन
लोभ नहीं पर क्षीण हुआ
अश्रु सूख गये नयनों के
हृदय भी भाव विहीन हुआ

(548)
श्रेय को तज के, प्रेय के पथ पर
जब चलने की चाह जगी
मिली न मंजिल और भटक के
सुखो को तेरे आह लगी

(549)
जीवन की टेढ़ी राहो पर
दो राहों और चौराहों पर
थामेगा हमको, एक वही
जो बैठा, मन के द्वारों पर

(550)
साल फिर गुजर गया
छोड़ महकती यादें
नयन मेरे है भीगे से
अधर तो है मुस्काते

(551)
रास रंग में रत रहे
मनुज जो दिन और रात
सही गलत का भेद मिटे
मति का हो पक्षाघात

(552)
संसार के रंग निराले हैं
मुख उजले पर दिल काले हैं
छलती है दुनिया उनको ही
जो सीधे, भोले-भाले हैं

9. विविध

(553)
भाग्य व श्रम के मेल से
सफल बने इंसान
यत्न से ही मंजिल मिले
और मिलें भगवान

(554)
मुख उतना ही भोजन लेना
जितना दांत चबाएं
धन वैभव उतना ही अच्छा
जिससे पुण्य कमाएं

(555)
ढोंग और पाखंड से
बडा बना न कोए
धरा भेष संतो का है
मन बैठा भोग संजोए

(556)
शब्द है सागर से भी विस्तृत
अर्थ ये गहरा रखते हैं
जब हल्के या उथले हो तो
मर्यादा भी हरते हैं

(557)
इक प्रलय सभी के भीतर है
जिसको विवेक ने बांधा है
जब मति भ्रष्टकर कर्म किए
जग में विनाश ही आना है
(558)
भेद जो मन का दे दिया
संकट, संग घर आए
दया-दिखावा सब करें
पर मदद न हाथ बढाये
(559)
सदी इक्कीसवीं में हुआ
कैसा ये कोलाहल
फेसबुक-व्हाट्सएप से
जीवन घुला हलाहल
(560)
ज्ञान क्रोध पर हावी होगा
हृदय धीर धर जायेगा
संयम से तू बांध लोभ को
थोड़े में सुख पायेगा
(561)
सब लोहा, बुद्धि का माने
लगे बुद्धि को जंग
तीक्ष्ण रहे अभ्यास से ही
ये काया का अंग

(562)
ये कथा बांचने वाले क्यों
दंभ भर के, यूँ बौराते है
प्रभु से भी ऊंचा आसन रख
उनकी ही कथा सुनाते हैं

(563)
तुम रूप धरो श्रृंगार करो
कुछ गुण भी अंगीकार करो
तुम पंख खोल आकाश उड़ो
सपने सारे साकार करो

(564)
अंधियारे को चीर के अब
इक किरण आस की आने दो
मन के इस सूने आंगन में
फिर कली एक मुस्कानें दो

(565)
इन पन्नों से क्या आस रहे
इतिहास पे क्यों विश्वास रहे
ये रचा है ऐसे लोगों ने
जो खुद सत्ता के दास रहे

(566)
निज भाषा अपमान लगे
और पराई शान
राष्ट्र कहाँ से पायेगा
प्रगति के सोपान

(567)
अहं पराभव, न स्वीकारे
अहं तो, बस तुष्टि चाहे
अहं खड्ग है, हाथ हो जिसके
घाव उसी को दे जाए

(568)
कथा सुनाते फिर रहे
बनते हैं भगवान
लाखों मूल्य वसूल कर
देते त्याग का ज्ञान

(569)
शब्द शोक है , शब्द हर्ष है
शब्द भजन और शब्द हवन हैं
ज्ञान इन्हीं से मान इन्हीं से
अभिनंदन अभिमान इन्हीं से

(570)
काया तो चमका कर बैठे
हृदय ने खोई निर्मलता
मन दर्पण में सत्य दिखे न
छाई है भ्रम की दुर्बलता

(571)
अभय बने अपराधी सब
सत्ता हुई जो साथ
दीप जगाने थे जिन्हें
लगा रहे वो आग

(572)
कहीं-अनकहीं हो गई
नीति-धर्म की बात
संत बने फिरते है जो
वो थामे पाप का हाथ
(573)
केश लगा लो कालिमा
वय कैसे छिप पाए
चेहरे की ये झुरिया
सत्य सभी कह जाए
(574)
गति को तन की, सब पहचाने
मन का वेग, न कोई जाने
काल क्षीण जब, तन को कर दे
मन की शक्ति, जीवन थामे
(575)
पंछी को दाना दिखे
दिखे बिछा न जाल
भेष बदल आता है दुख
दस्तक इसकी टाल
(576)
ज्ञान तो संचित बहुत किया
तृष्णा को नहीं विराम
ओढ़ आवरण शील का
करे कंलकित काम

(577)
न नभ में मछली उडे
न सर्प को पाला जाए
जो विधान सृष्टि का है
हर प्राणी उसे निभाए

(578)
सन्यासी संयम बिना
गुरू बिना सद् ज्ञान
जैसे तितली रंग बिना
गुड़ बिन ज्यों मिष्ठान्न

(579)
साधु वेष धरे अब दानव
खेल बड़ा संगीन हुआ
खरे खोटे का भेद मिटा यूँ
शहद भी अब नमकीन हुआ

(580)
काश हो ऐसा कोई रसायन
वाणी मीठी कर जाए
घुल जाये सब विष शब्दों का
मुख अमृत ही बरसाए

(581)
अहं समझ पर, डाल के परदा
मति भ्रमित करता जाए
खिली हुई बगिया में इक दिन
अंधड़-पतझड़ ले आए

(582)
कपट व छल जग में हावी है
योग्य भीड़ खो जाता है
प्रतिभाहीन शिखर पर चढ़कर
नाम प्रसिद्धि पाता है

(583)
दमन किया जब प्रतिद्वंदी का
अर्जुन का तब उदय हुआ
वंचित करके एकलव्य को
द्रोण शिष्य था अमर हुआ

(584)
रहे न सब दिन एक समान
हर उत्कर्ष का हो अवसान
दंभ प्रबल कितना भी हो
आखिर धूमिल होता अभिमान

(585)
विष-शत्रुता से भरे
चुभे, ज्यों तीखे बाण
सर्प बनाना था जिन्हें
क्यों बना दिया इंसान

(586)
खिल हमने, रंग बिखेरे हैं
यह देख के कुछ मुस्काओ न
जीवन की आपा धापी में
यूँ खुद को तुम बिसराओ न

(587)
रंग-सजे, पर दंभ नहीं है
झूठ-कुटिलता, संग नहीं है
पुष्प यूँ निर्मल, रूप धरें हैं
दुख-पीड़ा का, धर्म नहीं है

(588)
बिखरे, उम्मीदों के टुकड़े
उठा दुखों का ज्वार
नैया कैसे, पार लगे जब
टूट चुकी पतवार

(589)
नमन है, उन गुरुओं को, जिनसे
ग्रंथों का सब ज्ञान मिले
आत्मसात हो विद्या, तब ही
जीवन में सम्मान मिले

(590)
वीर प्रबल दोनो ही थे
बल कौशल एक समान
कर्ण ने दुर्जन संग चुना
मिले अर्जुन को भगवान

(591)
बंधे प्रेम राधा के मोहन
विरह भाव फिर स्वीकारा
बन निर्मोही रची कथा इक
प्रेम नहीं जिसमें हारा

(592)
पाप भया पुण्य पे भारी
दुष्ट जो सत्तासीन हुआ
झूठ प्रबल हो छा जाएगा
सत्य ही जब बलहीन हुआ

(593)
खंडित है सब स्वप्न हमारे
खंडित है विश्वास
जब से राहें जुदा हुई है
बिखर गई सब आस

(594)
जीवन जब गतिहीन हुआ
काया बनी रोग निवास
श्रम से दूर हुए तन में
कैसे हो सुख का वास

(595)
सेहत को फिर से पाने को
दौलत बहुत बहाई
सेहत टूटी माया छूटी
दोनों हाथ न आई

(596)
मानवता पर लोभ है भारी
मौत के लोग बने व्यापारी
रक्त सने नोटों से मानव
करता वैभव की तैयारी

(597)
आओ इस दीपावली
इक ऐसा दीप जगांए
जग उजियारा हो सभी
तम मन का मिट जाए

(598)
तन अपना, दो गज की काया
मन में है, त्रिलोक समाया
नियम-संयम, तन को बांधे
मन को कोई, बांध न पाया

(599)
दिल बोले, चल नीड़ बना ले
थाम, ये हलचल, सो जायें
उन तारों तक पहुँचे बच्चे
जिनको हम न, छू पाए

(600)
सांझ आरती जब गूंजेगी
दीपक लौ जग जायेगी
रोटी इक चूल्हे पर सिक कर
तन की भूख मिटाएगी

(601)
विकसित कर विज्ञान मनुज ने
रोगों को पहचाना है
लोभ का नहीं निदान कोई भी
यह रोग बहुत पुराना है

(602)
लाक्षागृह में झूठ कपट के
सत्य नहीं अब बच पाता है
चीरहरण गरिमा का हो तो
कृष्ण भी दर्शक बन जाता है

(603)
चंदा की ठंडी छांव में
जब देह थकी सो जायेगी
यादें सजकर फिर सपनों में
कही दूर बहा ले जायेंगी

(604)
फल की इच्छा सब करे
पर श्रम से नयन चुराए
ढले न जो व्यवहार में
वो ज्ञान व्यर्थ ही जाये

(605)
बिन खुशबु के सुमन अधूरा
संयम बिन है शमन अधूरा
बिन अश्रु के नयन अधूरा
और श्रम बिन जतन अधूरा

(606)
व्याभिचार और नशे में
डूबे आज युवा है
धर्म, शील व गरिमा सारी
उड़ कर हुई धुंआ है

(607)
शक्ति में हो आस्था
मन संशय मिट जाए
कदम डिगे न बाधाओं से
मुक्ति भय से पाए
(608)
मिले है बचपन के जब साथी
गूंजी हंसी पुरानी है
गले मिले हम आओ फिर से
कल की किसने जानी है
(609)
जीवन की रण भूमि में मैं
कृष्ण तेरा बन जाऊंगा
न्याय धरम के युद्ध में मिल कर
तुझ को विजय दिलाऊंगा
(610)
गुरु धरे न अब गुरुता
न शिष्य में लघुता भाव
रही शेष न ज्ञान पिपासा
न मेघों में जल भार
(611)
हम वाद करे, विवाद करे
पर तर्कहीन न बात करे
विज्ञान पढ़े और शोध करे
निज धरम का न उपहास करे

(612)
घाव त्वचा के सिल टांको से
कुछ दिन में भर जाये
चोट ह्रदय की दर्द दे ऐसा
जीवन भर तडपाये
(613)
शील व गुण जब आत्मसात हो
धर्मयुक्त सब मनोभाव हो
दंभ-दर्प से मुक्त मति हो
सुख-दुःख में तब एक गति हो
(614)
भोर का सूरज उगा गगन में
किरण उषा की धरा पे आई
नया सवेरा बन जीवन का
प्रेम की दिल में ज्योत जगाई
(615)
जीवन हो सौ शरद का
देह नीरोगी साथ
राग द्वेष से मुक्त ह्रदय हो
चैन कटे हर रात
(616)
इस खेल में जीवन मृत्यु के
मृत्यु ही विजय को पायेगी
रिश्ते नाते सब छोड़ यहीं
काया तेरी मिट जायेगी

www.ingramcontent.com/pod-product-compliance
Lightning Source LLC
La Vergne TN
LVHW041708060526
838201LV00043B/634
9798889752448